Escuché a Dios Reír

UNA GUÍA PRÁCTICA PARA
UN HÁBITO ESENCIAL DE LA VIDA

Escuché a Dios Reír

MATTHEW KELLY

BLUE SPARROW
North Palm Beach, Florida

BLUE
sparrow

Derechos de autor © 2020
Kakadu, LLC
Publicado por Blue Sparrow

ISBN: 978-1-63582-141-3 (tapa blanda)
ISBN: 978-1-63582-140-6 (e-book)

Diseñado por Ashley Wirfel

10 9 8 7 6 5 4 3 2

PRIMERA EDICIÓN

Impreso en los Estados Unidos de América

Nada cambiará tu vida tan completamente, absolutamente y para siempre como aprender realmente a orar.

Tabla de Contenido

PRIMERA PARTE: LA VIDA INESPERADA   1

Una pregunta para comenzar   3

La pieza que falta   4

El hábito   5

La promesa de este libro   8

Encontrando tu razón   9

Él hábito y el potencial   13

El desafío   15

Nota para el alma   17

SEGUNDA PARTE: MI VIAJE ESPIRITUAL   19

La invitación: Diez minutos al día   20

La primera rendición   22

El día que mi vida cambió para siempre   24

Lo que espero para ti   31

Nota para el alma   33

TERCERA PARTE: EL HÁBITO ESENCIAL DE LA VIDA   **35**

Enséñanos a rezar   35

Compartir la alegría   37

El proceso de oración   41

Tus mejores días   46

Lo básico   48

¿Cuál es tu imagen de Dios?   51

Hay poder en un nombre   56

Comienza hoy   60

Nota para el alma   63

CUARTA PARTE: SEIS PODEROSAS LECCIONES

ESPIRITUALES   **65**

El viaje más largo   66

Seis cambios sísmicos   67

El primer cambio: Entabla la conversación   68

El segundo cambio: Pregúntale a Dios qué quiere   69

El tercer cambio: Entrégate a la oración   71

El cuarto cambio: Transforma todo en oración   73

El quinto cambio: Hazte disponible   78

El sexto cambio: ¡Sigue haciéndote presente!   83

Seis despertares que cambian la vida   86

Nota para el alma   88

QUINTA PARTE: EL DIOS QUE NOS DIO LA RISA   **89**

¿Tiene Dios sentido del humor?   89

Escuché a Dios reír   93

Las aguas profundas   97

El deleite de Dios   100

La ocupación no es tu amiga   104

Nota para el alma   110

EPÍLOGO: ¿OYES ESO?   **111**

PRIMERA PARTE

La Vida Inesperada

¿TU VIDA ESTÁ transcurriendo de la manera en que pensaste que lo haría? Estuve hojeando mi anuario de la escuela secundaria hace poco. Había ciento sesentaiún jóvenes en mi clase de graduación, y menos de un puñado están haciendo lo que pensaban, esperaban o soñaban que harían. La mayoría de ellos están contentos. Cuando tenían diecisiete o dieciocho años, no se conocían a sí mismos lo suficiente como para decidir qué harían el resto de sus vidas. Y estoy hablando únicamente del trabajo y la carrera profesional.

La vida no transcurre como esperamos. En algunos aspectos supera nuestras expectativas, y en otros las decepciona. Puede haber esperanzas y sueños que fueron parte de la vida que esperábamos y por los cuales necesitamos hacer un duelo porque no se materializaron. Pero también hay esperanzas y sueños que teníamos cuando éramos jóvenes y que nos alegramos de no haberlos cumplido. Ahora vemos que éramos inconvenientes para ellos, y ellos eran inconvenientes para nosotros. Al mismo tiempo, hay cosas en la vida inesperada que sorprenden y deleitan.

La vida no transcurre como la planeamos. Todos vivimos vidas inesperadas de una forma u otra. Pero tarde o temprano, tenemos que decidir cómo vamos a aprovechar al máximo la vida inesperada. Es entonces cuando nos encontramos cara a cara con dos verdades perdurables: no podemos vivir sin la esperanza de que las cosas cambien para bien, y no somos víctimas de nuestras circunstancias.

No eres lo que te ha sucedido. No eres lo que has logrado. Ni siquiera eres aquel que eres hoy o en lo que te has convertido hasta ahora. Eres aquel y en lo que aún eres capaz de convertirte. Eres tu potencial realizado y no realizado. Dios te ve a ti y a todo tu potencial, y desea verte abrazar tu yo más verdadero, más elevado y mejor. Él anhela ayudarte y acompañarte en esa búsqueda.

Dondequiera que estés, lo que sea que sientas, si la vida te ha sorprendido y decepcionado, quiero recordarte una cosa: ¡lo mejor está por venir! Hay momentos en la vida en los que esto es más fácil o más difícil de creer, pero lo mejor está realmente por venir. ¡Ábrete a ello, para que puedas verlo y abrazarlo cuando aparezca!

UNA PREGUNTA PARA COMENZAR

¿Tu vida funciona? Es una pregunta simple, en realidad. No podemos mirar la vida de otra persona y saberlo, pero la mayoría de las veces, sabemos qué tan bien está funcionando nuestra propia vida (o no).

Cuando reflexionamos sobre nuestras vidas, normalmente descubrimos que en algunos aspectos están funcionando bien, y que son disfuncionales en otros. ¿Qué significa esto para ti? Significa que estás prosperando en algunos aspectos, pero estás experimentando insatisfacción en otros. Dios te está hablando a través de esa insatisfacción. Puedes aprender a vivir con tu malestar, o puedes aceptarlo como una invitación.

La zona de peligro está marcada por la comodidad. Es allí donde las cosas no son maravillosas, pero tampoco son horribles, así que sigues arreglándotelas de alguna manera. Gravitamos hacia la comodidad, y es increíble lo cómodos que podemos sentirnos con cosas que son incómodas o peores que eso. La idea de algo nuevo y desconocido activa nuestra resistencia y vacilación. Se trata de obstáculos mentales, emocionales y espirituales que todos necesitamos superar para pasar de la supervivencia a la prosperidad. ¿Estás prosperando, o simplemente sobreviviendo?

Es hora de dejar de arreglárnoslas de alguna manera. Si tu vida no funciona, ¿qué estás dispuesto a hacer al respecto? ¿Estás abierto a probar algo nuevo? Este libro es una invitación a florecer y prosperar como nunca antes.

LA PIEZA QUE FALTA

Tratar de armar un rompecabezas sin una pieza importante es increíblemente frustrante. Esa es la historia de la vida de millones de personas. Están frustrados día tras día, pero no se dan cuenta de que les falta una pieza. Se vuelven locos tratando de armar el rompecabezas de sus propias vidas sin esa pieza fundamental.

La pieza esencial que le falta a la mayoría de la gente es una espiritualidad vibrante.

Eres un ser humano, una composición delicada de cuerpo y alma, misteriosamente unida por la voluntad y el intelecto. La palabra importante aquí es el alma. Tienes un alma. Es literalmente tu fuerza vital. Cuando sale de tu cuerpo, mueres.

Es hora de empezar a prestar más atención a tu alma. Piensa en estos cuatro aspectos del ser humano: cuerpo, alma, voluntad, intelecto. Estamos obsesionados con tres de ellos: el cuerpo, la voluntad y el intelecto. Mimamos nuestros cuerpos, defendemos enérgicamente nuestro derecho a decidir el camino que seguimos y celebramos nuestros logros intelectuales individuales y colectivos. Sin embargo, a menudo ignoramos lo más importante: el alma. ¿Has estado cuidando tu alma? Califícate entre uno y diez. La mayoría de nosotros descuidamos el alma en favor del cuerpo. El cuerpo nos está ladrando constantemente órdenes: aliméntame, lávame, vísteme, compláceme, aliméntame de nuevo, y así sucesivamente. El cuerpo realiza un flujo continuo de demandas sobre nosotros. El alma, en cambio, es tranquila y fiel. Cuando el alma tiene hambre, nuestro estómago no retumba ni ruge. Pero es importante alimentar nuestra alma cada día.

Sí, cada día. ¿Cuántos días han pasado desde que alimentaste tu alma intencionalmente? Eres un ser espiritual que tiene una experiencia física en este mundo. Tienes un alma. Alimentar tu alma es la pieza que falta en el rompecabezas. No hay un momento mejor que ahora para nutrir tu vida interior, descubrir tus necesidades espirituales y alimentar tu alma.

Es hora de dejar de ignorar nuestras almas. El alma integra y armoniza cada aspecto de nuestra humanidad. Nos reorienta hacia lo que más importa.

EL HÁBITO

Hay un número ilimitado de formas de alimentar tu alma. El mejor lugar para empezar es con la oración diaria. Es la piedra angular de la vida espiritual. A veces la gente discute y afirma que ir a la iglesia el domingo es la piedra angular de la vida espiritual. Sin embargo, hay decenas de millones de personas que van a la iglesia todos los domingos, pero no tienen una vida espiritual vibrante.

Tal vez el hábito de la oración diaria no te parezca emocionante. Si sientes esto, es porque no has experimentado la oración diaria de la manera que abordaremos en este libro.

Y hay una razón muy clara para ello. La cosa más asombrosa que he descubierto en mi búsqueda para ayudar a la gente a crecer espiritualmente es que a la mayoría nunca les han enseñado a rezar. Muchos de nosotros aprendimos a rezar cuando éramos niños, pero hay todo un mundo espiritual que la mayoría de las personas no han experimentado nunca. Es un mundo que la mayoría nunca ha conocido.

Así que, déjame hacerte una pregunta: ¿alguna vez alguien te ha enseñado a rezar? Si tu respuesta es no o «Realmente no» o «No estoy seguro», hoy será uno de los días más memorables de tu vida.

No me malinterpretes; es decepcionante, triste y trágico que tantos de nosotros podamos llegar tan lejos en la vida sin que nos enseñen a rezar de verdad. Pero también significa que muchas posibilidades increíbles aún no han sido descubiertas ante ti. Significa que lo mejor definitivamente está por llegar.

Nada cambiará tu vida tan completamente, absolutamente y para siempre como aprender a rezar de verdad. En la oración, aprendemos quiénes somos y para qué estamos aquí, qué es lo más importante y qué es lo menos importante. A través de la oración, descubrimos la mejor versión de nosotros mismos, y se nos da el valor para celebrarla y defenderla en cada momento de cada día. En la oración, aprendemos a amar y a ser amados, porque descubrimos que hemos sido amados, somos amados y seremos continuamente amados por Dios.

Es un hecho inevitable que nuestras vidas no transcurran como esperamos y deseamos. También vale la pena señalar que muy a menudo nos definimos por la forma en que respondemos a los acontecimientos inesperados de la vida. Lo inesperado, ya sea bueno o malo, denota carácter. ¿Cómo nos preparamos entonces para lo inesperado? Rezando. Rezar es la preparación suprema para lo inesperado. Rezar nos ayuda a desarrollar la conciencia, la virtud y el carácter que son esenciales cuando tu vida se pone patas arriba.

Se avecina una tormenta. ¿Cómo puedo saberlo? Siempre habrá una. Puede estar a días, semanas o meses, o incluso años de distancia. Pero está en camino. Nadie pasa por esta vida sin encontrarse con algunas tormentas. Un tornado pasó por nuestro vecindario hace unas noches. Al día siguiente setenta mil hogares no tenían electricidad, y cientos de árboles habían sido derribados. Otros árboles parecían intactos. ¿Cuál es la diferencia entre dos árboles, uno al lado del otro, y uno cae al suelo y el otro sigue en pie? Sus raíces fuertes. Un árbol con raíces fuertes puede sortear casi cualquier tormenta. Un árbol con raíces profundas da frutos grandes, ya que puede obtener el agua y los nutrientes que necesita de la tierra.

Hunde las raíces del hábito diario de la oración en lo más profundo de tu vida. ¿Se avecina una tormenta? La vida me ha enseñado que esta es la pregunta equivocada. ¿Cuándo llegará la tormenta?, es más apropiada. La vida también me ha enseñado que cuando llega la tormenta, es demasiado tarde para empezar a hundir esas raíces. Así que no te demores. Empieza hoy.

Rezar es el hábito esencial de la vida diaria.

LA PROMESA DE ESTE LIBRO

Este libro trata acerca de ese hábito de la oración. Cada libro hace una promesa. A veces, esa promesa se establece claramente como la meta u objetivo del libro, pero a menudo no lo es. Cada vez que me propongo escribir un libro nuevo, me gusta tener muy claro antes de empezar la promesa que te hago a ti, al lector. La promesa de este libro es que te enseñará a rezar y te introducirá a un mundo de espiritualidad que la mayoría de la gente no ha experimentado nunca. Específicamente, quiero enseñarte una forma de oración que te ayudará a desarrollar un hábito vibrante de oración diaria. Algunos libros nos encuentran en el momento justo, y cambian nuestras vidas para siempre. Creo que si puedo cumplir la promesa de este libro, puede convertirse en uno de esos libros para ti y para muchos otros.

Hay una diferencia entre saber sobre una persona y conocer a una persona, y la diferencia es enorme. También hay una diferencia entre saber sobre la oración y experimentar la oración. Nuestro objetivo aquí no es saber todo lo que hay que saber sobre la oración. Nos esforzamos por tener una experiencia poderosa de la oración. Mi objetivo en cada momento es ayudarte a desarrollar un hábito dinámico de oración diaria. Por estas razones, no se debe suponer que este libro sea un tratado sobre la oración, sino más bien una guía corta, práctica y esperanzadora, diseñada para ayudarte a tener una experiencia poderosa de la oración. Mi mayor esperanza es que vuelvas a este libro una y otra vez como a una piedra angular, y como a un compañero de confianza para tu viaje espiritual.

ENCONTRANDO TU RAZÓN

Tal vez te estás preguntando: ¿por qué debería rezar yo? Es una gran pregunta. Encontrar tu razón es también la respuesta. Tenemos muchas preguntas, y con mucha frecuencia nos dirigimos a las personas que nos rodean en busca de respuestas, en lugar de acudir a quien tiene todas las respuestas a todas las preguntas. Tus preguntas son la puerta de entrada a las respuestas que buscas. Atesora tus preguntas. Hónralas lo suficiente para buscar respuestas, y no cualquier respuesta. Mi sensación es que no estás buscando respuestas generalizadas que se citen en un libro. Anhelas respuestas profundamente personales a tus preguntas profundamente personales. El mundo no puede dártelas. La gente en tu vida no puede responder a estas preguntas por ti, ni siquiera aquellos que te conocen y te aman más. Si realmente quieres buscar y encontrar estas respuestas, este es un trabajo para el alma. Son asuntos que están entre tú y Dios.

¿Por qué deberías rezar? En lugar de darte todas las respuestas y razones teológicas estándar, creo que es más importante que encuentres tus propias razones.

Las mías han evolucionado con el tiempo. Al principio, mis

razones para rezar cada día no eran razones teológicas elevadas; eran simples y prácticas. Cuando pasaba unos minutos
en oración por la mañana, parecía tener un mejor día que
cuando no lo hacía; tenía más claridad a la hora de tomar decisiones, y experimentaba una paz que nunca había sentido
hasta que empecé a rezar cada día. Te animo a que observes
estas cosas en ti cuando empieces a practicar la oración de la
manera que describo a medida que transcurre este libro.

Las preguntas juegan un papel importante en nuestro viaje
espiritual, y te insto a que anotes y pongas fecha a las preguntas que tengas a lo largo del camino. Mirarás hacia atrás
en diferentes momentos; estas preguntas y las fechas en las
que empezaste a formularlas le darán un contexto poderoso
a tu viaje. Mostrarán dónde has estado y te animarán en tu
camino.

La virtud práctica y esencial de la oración es la paciencia,
que es también la virtud práctica y esencial en todas las relaciones. Este es nuestro primer encuentro con una verdad que
saldrá a la superficie una y otra vez: la oración nos enseña
cómo vivir y amar. La oración nos enseña a ser pacientes, y
dos personas pacientes siempre tendrán una mejor relación
que dos personas impacientes. Existe también una conexión
directa entre nuestra capacidad de amar y nuestra capacidad
de paciencia. Tal vez por eso, al describir lo que es el amor en
1 Corintios 13, Pablo comienza, «El amor es paciente...» Al
principio de un viaje, es natural estar emocionado y un poco
impaciente, pero te ruego que lo asimiles, mires a tu alre-

dedor, respires y absorbas plenamente esta experiencia. En una carta a un amigo, el poeta Rainer Maria Rilke escribió, «Ten paciencia con todo lo que no se resuelva en tu corazón y trata de amar las preguntas en sí mismas, como cuartos cerrados y como libros que ahora están escritos en una lengua muy extraña. No busques ahora las respuestas que no se te pueden dar porque no serías capaz de vivirlas. Y el punto es, vívelo todo. Vive las preguntas ahora. Tal vez entonces gradualmente y sin darte cuenta, vivirás a lo largo de algún día lejano en la respuesta».

Se requiere valor para dejar nuestras preguntas en manos de Dios al orar. Se requiere paciencia para esperar las respuestas, que a veces se nos dan en la oración y a veces se nos entregan a través de otras personas, y de las experiencias de la vida diaria. Se requiere sabiduría para vivir las respuestas que descubrimos. Rezo para que seas bendecido con una abundancia de valor, paciencia y sabiduría para el viaje en el que nos estamos embarcando.

A menudo me preguntan: «¿Por qué rezas?». Rezo porque no puedo prosperar sin la oración.

Hay una declaración muy citada de Henry David Thoreau que dice: «La mayoría de los hombres llevan una vida de tranquila desesperación». Thoreau estaba decidido a no vivir una vida como esa, y a los veintisiete años, se fue a vivir solo al bosque y a reflexionar sobre la vida. Permaneció en Walden Pond durante dos años y dos meses. Su vida y sus escritos continúan inspirando actualmente a millones de personas a vivir de un modo más consciente. Al escribir sobre sus razones para el experimento de Walden, Thoreau observó: «Fui al bosque porque quería vivir a conciencia... Quería... vivir profundamente y extraer toda la médula de la vida... dejar de lado todo lo que no fuera la vida, para no descubrir, en el momento de la muerte, que no había vivido».

Rezo por muchas de esas mismas razones. Voy al bosque de la oración cada día porque quiero vivir la vida a conciencia. Rezo porque quiero vivir mi corta vida de manera intencional y profunda. Voy a la oración para aprender lo que más importa y lo que no importa en absoluto, para separar las cosas que son importantes de las que son de poca o ninguna importancia. Rezo porque me encanta la manera como la oración reorganiza mis prioridades. Voy al bosque de la oración porque no quiero morir y descubrir que no he vivido.

¿Por qué rezo? Mis diversas razones están cambiando y evolucionando constantemente. Pero quizá las razones más consistentes y transparentes son: porque no puedo vivir sin rezar. No sé cómo la gente se mantiene cuerda o incluso sobrevive en este mundo loco, ruidoso y ajetreado sin la oración. Pero más que eso, rezo porque no deseo vivir sin ella. No puedo imaginar la vida sin la oración. He vivido con ella y sin ella, y no deseo volver a una vida sin oración. He conocido la oración y la falta de oración. Mi compromiso con la oración no siempre ha sido tan consistente como me hubiera gustado, pero no deseo volver a la desilusión de la falta de oración.

Estas son mis razones, y tú descubrirás las tuyas propias. Por ahora, te pido que consideres esto: ¿podrías hacer una pausa para sacar unos minutos en compañía de Dios cada día, y cambiar todo para bien? Y sí, me refiero a todo. ¿Es posible?

Te aseguro que sí.

EL HÁBITO Y EL POTENCIAL

Nuestras vidas cambian cuando nuestros hábitos cambian. Para bien o para mal, los hábitos son una de las influencias más poderosas en nuestras vidas. Nuestras vidas suben y bajan más por nuestros hábitos que por circunstancias fuera de nuestro control. Hay tanta incertidumbre en la vida, tantas cosas que están más allá de nuestro círculo de influencia, pero con nuestros hábitos podemos ejercer nuestro libre albedrío concedido por Dios y dar forma a nuestro destino.

Anteriormente, discutimos brevemente la idea de tu pasado y tu potencial. No eres lo que te ha ocurrido. No eres tus logros. Ni siquiera eres lo que eres hoy o en lo que te has convertido hasta ahora. Eres aquel y aquello en lo que aún eres capaz de convertirte. Eres tu potencial realizado y no realizado. Dios te ve a ti y a todo tu potencial, y desea verte abrazar tu yo más verdadero, más elevado y mejor. Él anhela ayudarte y acompañarte en esa búsqueda.

Los filósofos hablan del «ser». Todo lo que existe es un ser.

Los pájaros, los peces y los perros son todos seres. Los ángeles son seres. Dios es un ser. Tú eres un ser. Hay diferentes tipos de seres. No eres Dios, o un ángel, o un perro; eres un ser humano. Una de las cosas más sorprendentes de los seres humanos es que pueden ocurrir cambios increíbles en nuestro interior. Tu ser no está fijo, estancado o estático; es cambiante. Esto es algo hermoso, principalmente porque de él surge una esperanza infinita.

Aquí hay algo que vale la pena considerar: el ser de algo cambiante —tú—, no es solo lo que es, sino lo que puede ser todavía. No solo eres quién y lo que eres hoy en día; tu esencia o ser también incluye quién eres capaz de llegar a ser, quién puedes ser todavía. Me encanta esta idea. Expresa la base de la esperanza en nuestro potencial, y el potencial es algo hermoso. Vemos un potencial infinito en los niños pequeños y en los jóvenes, pero en algún momento dejamos de hablar de ello. Esto también significa probablemente que dejamos de pensar en nuestro propio potencial.

«Soy quien soy», dicen algunos. Pero esta es una verdad a medias. Eres quien eres, pero también eres quien eres capaz de llegar a ser, y tienes un potencial asombroso. Puede que no lo veas. Puede que te sientas atrapado, y puede que lo estés ahora mismo. Pero no tienes que quedarte atrapado. Dios y tu potencial están listos para sacarte de todo eso con este nuevo hábito de la oración diaria. Nuestro potencial se desata con nuevos hábitos. Los hábitos liberan nuestro potencial, y ningún hábito hace esto como la oración diaria. Y esta es solo una de las muchas cualidades que la convierten en el hábito diario esencial de la vida.

A menudo, cuando hablamos de formar nuevos hábitos, nuestro motivo es vernos mejor, ser más productivos y eficientes, lograr más cosas, y así sucesivamente. Al adoptar un hábito de oración diaria, estos resultados no son nuestro objetivo, pero los obtendrás indirectamente. La paz es uno de los frutos de la oración diaria, y tan poca gente la tiene que a medida que la desarrollas, empiezas a verte diferente. Un brillo pacífico comienza a surgir de ti, y tus ojos se iluminan como nunca antes. También serás más eficiente y lograrás más cosas, porque a medida que veas claramente lo que más importa y lo que menos importa, priorizarás tu tiempo y energía para lograr mejores resultados.

Los hábitos son increíblemente poderosos. Llegan a cada rincón de nuestras vidas. Esto es más cierto para el hábito de la oración diaria que para cualquier otro hábito.

EL DESAFÍO

En este libro voy a enseñarte una metáfora que cambiará tu vida. Sé que cambia la vida porque cambió la mía y ha cambiado la vida de innumerables hombres, mujeres y niños de todas las edades.

Se requieren veintiún días para establecer un nuevo hábito en nuestras vidas, y hundir sus raíces lo suficiente como para que la primera brisa fuerte no arrase con él. Te reto a que pases solo diez minutos al principio de cada uno de los próximos veintiún días practicando el método de oración que estamos a punto de explorar.

A lo largo de estos veintiún días, te invito a reflexionar y a tomar nota de todas las formas de empezar el día en oración que te han cambiado a ti y a tu vida. Pregúntate a ti mismo: ¿mis días son diferentes? ¿En qué sentido? ¿Me siento diferente? ¿Mi estado de ánimo es diferente? ¿Trato a la gente como antes? ¿Soy mejor marido, esposa, madre, padre, hijo, hija, hermana, hermano, amigo, colega, vecino? ¿De qué manera el hecho de empezar cada día en oración ha mejorado mi vida?

Soy un hombre práctico. Así que si todavía dudas en comprometerte, piensa en todas las otras formas en que has tratado de encontrar la realización y la felicidad en esta vida. ¿Qué tienes que perder? Lo máximo que puedes perder es unos minutos cada día durante unas semanas. ¿Qué tienes que ganar? La ventaja es insondable.

Diez minutos al día durante veintiún días. Inténtalo. Por mi parte, prometo enseñarte y animarte, darte todas las herramientas necesarias para cumplir este compromiso.

NOTA PARA EL ALMA:

Alma,
Tienes el corazón de un león, fuerte y valiente. No dejes
que nada te distraiga, no dejes que nadie te desanime de tu
comunión diaria con Aquel que te creó.

SEGUNDA PARTE

Mi Viaje Espiritual

MI ODISEA ESPIRITUAL comenzó en serio cuando tenía quince años. No lo sabía en ese momento, pero fue el comienzo de una experiencia de conversión. La palabra conversión se usa a menudo cuando alguien cambia de una religión a otra. Me convertí del consumismo secular. Había sido criado en la fe, pero nunca había echado raíces en mi corazón y en mi vida.

La historia de conversión más famosa de la historia es la de Pablo. Pasó su vida persiguiendo cristianos, hasta que fue derribado en el camino a Damasco y Dios le habló. ¿Fue un momento de transformación? Sí. ¿Fue su único momento de transformación? No. Durante el resto de su vida, Pablo se esforzó y luchó por abrazar las enseñanzas de Jesús.

A menudo pensamos en una conversión como una decisión o evento único, cuando la realidad es que estamos llamados a una conversión continua. La experiencia que estoy a punto de describir, que tuvo lugar cuando yo tenía quince años, fue el comienzo de un proceso de conversión —una transformación— que continúa hasta el día de hoy. Algunas personas tienen una experiencia de conversión porque se encuentran con la tragedia y se aferran a Dios para sobrevivir al golpe brutal que les ha dado la vida. Otros experimentan la conversión porque las cosas van bien pero aun así sienten que les falta algo. Es ahí donde estaba yo cuando Dios me despertó de mi vagabundeo sin rumbo.

LA INVITACIÓN: DIEZ MINUTOS AL DÍA

En ese momento, yo estaba en la escuela secundaria. Todo iba muy bien. Tenía un gran grupo de amigos y una novia maravillosa, me iba bien en los estudios, jugaba en varios equipos deportivos y tenía un buen trabajo a tiempo parcial. Por fuera todo parecía estar bien, pero por dentro se acumulaba una cierta inquietud. Mi corazón estaba inquieto. Sentía que algo faltaba en mi vida. Sabía que algo estaba mal, pero no podía definirlo. Tenía simplemente la sensación continua de que debía haber algo más en la vida, pero no sabía qué era ni dónde encontrarlo. Durante mucho tiempo intenté ignorar estos sentimientos, pero la inquietud persistía.

Varias semanas después me encontré con un amigo de la familia, quien me preguntó cómo me iba en la escuela. «Bien», le dije. Era médico, así que sabía hacer las preguntas adecuadas, y durante cinco o diez minutos sondeó suavemente las diferentes áreas de mi vida. Cada pregunta y respuesta nos llevó un poco más cerca de su diagnóstico. Luego hizo una breve pausa, me miró profundamente a los ojos y me dijo: «No eres realmente feliz, ¿verdad, Matthew?». Él lo sabía y yo lo sabía, pero al principio me avergonzó admitirlo. Pero nuestras vidas parecen inundarse de gracia en momentos inesperados, y empecé a contarle el vacío y la inquietud que estaba experimentando.

Después de escucharme atentamente, me sugirió que entrara a la iglesia diez minutos cada mañana de camino a la escuela. Lo escuché, sonreí, asentí cortésmente con la cabeza e inmediatamente lo califiqué como una especie de fanático religioso. Mientras él desarrollaba su idea y la manera en que transformaría mi vida, me pregunté: «¿Cómo me van a ayudar diez minutos de oración cada día?». Antes de que él terminara de hablar, yo había resuelto ignorar completamente todo lo que dijo. En las semanas siguientes, me dediqué a mis estudios, mi trabajo y mis actividades deportivas con más vigor que nunca. Había hecho eso para apaciguar mi corazón inquieto en otros momentos de mi vida. Pero los logros en estas áreas ya no me producían la satisfacción que una vez tuvieron.

LA PRIMERA RENDICIÓN

Una mañana, unas seis semanas después, el vacío se había hecho tan grande que me encontré parando en la iglesia de camino a la escuela. Entré silenciosamente, me senté atrás y comencé a planear mi día. Esto levantó las nubes de una confusión apresurada. Por primera vez en mi vida probé unas gotas de ese maravilloso tónico que llamamos paz, y me gustó.

Al día siguiente, y todos los días después de ese, regresé. Cada mañana me sentaba atrás en la iglesia y simplemente repasaba los eventos del día en mi mente. Con cada día que pasaba, comenzó a invadirme una sensación de paz, propósito y dirección. Entonces, un día, mientras estaba sentado allí, se me ocurrió que planear mi día no era realmente una oración. Así que empecé a rezar: «Dios, quiero esto... y necesito esto... y podrías hacer esto por mí... y ayudarme con esto... y permitir que esto suceda... y por favor, no permitas que esto ocurra...».

Continuó así durante unas semanas. Cada mañana entraba a la iglesia, me sentaba atrás, planeaba mi día y le daba a Dios Sus instrucciones para el día. Por supuesto, en ese momento yo no comprendía la arrogancia e ironía que suponía eso.

Por un tiempo, esa fue la profundidad de mi vida en oración. Y entonces un día tuve un problema. Esa mañana me detuve en la iglesia, y con una simple oración en mi corazón, le dije a Dios: «Dios, tengo este problema... Esta es la situación...

Estas son las circunstancias...». Entonces me encontré con la pregunta que cambiaría mi vida para siempre: «Dios, ¿qué crees que debería hacer?».

Mi vida comenzó a cambiar con esa pregunta. Hacer esa pregunta marcó un nuevo comienzo en mi vida. Hasta entonces, yo solo había rezado: «Escucha, Dios, tu siervo está hablando». Pero en ese momento de oración espontánea, el Espíritu que nos guía a todos me llevó a rezar: «Habla, Señor, tu siervo está escuchando». Fue quizá el primer momento de oración honesta y humilde en mi vida. Antes de ese día, solo me interesaba decirle a Dios cuál era mi voluntad. Ahora, por primera vez, le pedía a Dios que revelara Su voluntad.

Dios, ¿qué crees que debería hacer yo? Llamo a esto la Gran Pregunta. Es la pregunta que cambió mi vida para siempre, y sigue transformando mi vida a diario cuando tengo el valor de hacerla. Esta pregunta debería ser un tema constante en nuestras vidas espirituales. Cuando estamos atentos a ella, encontramos una alegría que es independiente de las realidades externas, porque tenemos una paz y una satisfacción interior. Es la paz que proviene de saber que lo que somos y lo que hacemos tiene sentido, independientemente del resultado y de las opiniones de los demás. Esta paz proviene de elevar la única opinión que realmente importa: la de Dios.

Nuestras elecciones son la base de nuestras vidas. Cada día tomamos docenas de decisiones, algunas de ellas grandes y otras pequeñas. ¿Cuándo fue la última vez que invitaste a Dios a tomar las decisiones de tu vida?

Cada día *intento* dejar que Dios juegue un papel en mi toma de decisiones, pero a menudo los encantos de este mundo me distraen. A veces simplemente olvido consultarle. A veces bloqueo su voz porque quiero hacer algo que no es bueno para mí. A veces creo tontamente que conozco un atajo a la felicidad. Estas decisiones siempre me conducen a la desdicha de una forma o de otra.

Hay una pregunta que siempre conduce a la felicidad duradera en este mundo cambiante: D*ios, ¿qué crees que debería hacer yo?* Pensar que podemos encontrar la felicidad sin hacernos esta pregunta es uno de nuestros mayores engaños. Esta pregunta ha llevado a hombres y mujeres de todas las clases sociales a descubrir quiénes son y para qué están aquí. Ahora es tu turno.

EL DÍA QUE MI VIDA CAMBIÓ PARA SIEMPRE

Hay una gratitud tan maravillosa que es inexpresable, una gratitud que sigue y sigue. Esa es la clase de gratitud que tengo por John, el primer hombre que me desafió y animó a rezar. Durante treinta años, he estado contando la historia que acabo de compartir contigo. La comparto con la esperanza de que animes a otros a adoptar el hábito de la oración diaria que cambia la vida. Pero recientemente, mientras reflexionaba sobre mi viaje, me di cuenta de que he dejado por fuera una parte esencial de la historia. Al compartirla contigo ahora, creo que tendrás un sentido más claro de mi gratitud por este hombre.

Hasta este punto de la historia, yo había estado rezando cada día durante varios meses, pero realmente no tenía ni idea de lo que hacía. Mirando hacia atrás, ahora me doy cuenta de que estaba dando tumbos y tropezando en la oscuridad. Sabiendo lo que sé hoy, parece un milagro que haya perseverado. Pero entonces sucedió otra cosa.

Anteriormente te pregunté si alguien te había enseñado a rezar. Nadie me había enseñado nunca. De niño me habían enseñado a rezar, me habían animado a rezar, y había oído a la gente hablar de la importancia de la oración, pero no me habían enseñado a rezar. Todo eso estaba a punto de cambiar.

Así fue como sucedió.

Un día, mientras íbamos a jugar baloncesto, John y yo pasamos frente a una iglesia, cuando me dijo: «¿Has hecho tus diez minutos hoy?». Le dije que lo había hecho. «Esta es una iglesia espectacularmente hermosa», continuó. «¿Por qué no hacemos una visita y rezamos unos minutos?».

Mientras caminábamos hacia la iglesia, John dijo: «Intentemos algo diferente hoy. Cuando nos sentemos, diré una breve oración de apertura, y luego me gustaría leer algunos pasajes cortos de la Biblia. Los leeré de uno en uno. Después de leer cada pasaje, me gustaría animarte a tener una conversación con Dios sobre lo que te digan esas pocas líneas. Yo haré lo mismo. Los pasajes podrían inspirarte y animarte; otros podrían desafiarte. Pero no importa. Simplemente habla con Dios sobre aquello que Él ponga en tu corazón. Después de dos o tres minutos, leeré otro pasaje corto».

Entramos a la iglesia y nos sentamos adelante. Era mediados de la tarde y la iglesia estaba completamente vacía. Después de un momento, John comenzó a decir: «Señor mío y Dios mío, te damos las gracias por todas las formas en que nos has bendecido en el pasado, por todas las formas en que nos bendices hoy y por todas las formas en que planeas bendecirnos en el futuro. Abre nuestros corazones y mentes a la sabiduría que deseas compartir con nosotros durante este tiempo de oración. Amén». Permanecimos un momento allí; pude ver que Dios nos estaba dando la oportunidad de encajar en la experiencia.

Luego leyó el siguiente pasaje de la Biblia, y cada uno de nosotros habló con Dios en nuestros corazones sobre lo que escuchamos.

«Al ver a la multitud, Jesús subió a la montaña, se sentó, y sus discípulos se acercaron a él. Entonces tomó la palabra y comenzó a enseñarles, diciendo: Felices los que tienen alma de pobres, porque a ellos les pertenece el Reino de los Cielos. Felices los pacientes, porque recibirán la tierra en herencia. Felices los afligidos, porque serán consolados. Felices los que tienen hambre y sed de justicia, porque serán saciados. Felices los misericordiosos, porque obtendrán misericordia. Felices los que tienen el corazón puro, porque verán a Dios. Felices los que trabajan por la paz, porque serán llamados hijos de Dios. Felices los que son perseguidos por practicar la justicia, porque a ellos les pertenece el Reino de los

Cielos. Felices ustedes, cuando sean insultados y perseguidos, y cuando se los calumnie en toda forma a causa de mí. Alégrense y regocíjense entonces, porque ustedes tendrán una gran recompensa en el cielo; de la misma manera persiguieron a los profetas que los precedieron» (Mateo 5:1-12).

Yo había escuchado muchas veces este pasaje en la iglesia y en la escuela, pero me impactó como nunca antes. Cada línea me inspiró ideas y reflexiones. Era como tratar de tomar agua de un hidrante.

John se detuvo en silencio durante unos tres minutos mientras yo le hablaba a Jesús en mi corazón sobre lo que me decía el pasaje, cómo me desafiaba, me animaba y me condenaba. Estaba todavía en medio de esa conversación cuando comenzó a leer el siguiente pasaje:

«Ustedes son la sal de la tierra. Pero si la sal pierde su sabor, ¿con qué se la volverá a salar? Ya no sirve para nada, sino para ser tirada y pisada por los hombres. Ustedes son la luz del mundo. No se puede ocultar una ciudad situada en la cima de una montaña. Y no se enciende una lámpara para meterla debajo de un cajón, sino que se la pone sobre el candelero para que ilumine a todos los que están en la casa. Así debe brillar ante los ojos de los hombres la luz que hay en ustedes, a fin de que ellos vean sus buenas obras y glorifiquen al Padre que está en el cielo» (Mateo 5:13-16).

El lema de mi escuela, «*Luceat Lux Vestra*», o «Deja que brille tu luz», fue extraído de este pasaje. Mi corazón gravitó inmediatamente hacia esa línea. ¿Estaba dejando que mi luz brillara? Le hablé a Jesús sobre cómo estaba permitiendo e impidiendo al mismo tiempo que mi luz brillara. Y de nuevo, John comenzó a leer otro pasaje.

«Por eso les digo: No se inquieten por su vida, pensando qué van a comer, ni por su cuerpo, pensando con qué se van a vestir. ¿No vale acaso más la vida que la comida y el cuerpo más que el vestido? Miren los pájaros del cielo: ellos no siembran ni cosechan, ni acumulan en graneros, y sin embargo, el Padre que está en el cielo los alimenta. ¿No valen ustedes acaso más que ellos? ¿Quién de ustedes, por mucho que se inquiete, puede añadir un solo instante al tiempo de su vida? ¿Y por qué se inquietan por el vestido? Miren los lirios del campo, cómo van creciendo sin fatigarse ni tejer. Yo les aseguro que ni Salomón, en el esplendor de su gloria, se vistió como uno de ellos. Si Dios viste así la hierba de los campos, que hoy existe y mañana será echada al fuego, ¡cuánto más hará por ustedes, hombres de poca fe! No se inquieten entonces, diciendo: "¿Qué comeremos, qué beberemos, o con qué nos vestiremos?". Son los paganos los que van detrás de estas cosas. El Padre que está en el cielo sabe bien que ustedes las necesitan. Busquen primero el Reino y su justicia, y todo lo demás se les dará por añadidura. No se inquieten por el día de mañana; el mañana se inquietará por sí mismo. A cada día le basta su aflicción» (Mateo 6:25-34).

Escuchar este pasaje fue como ver fuegos artificiales en mi mente. Siempre he sido un planificador, y eso me produce una cierta dosis de preocupación y ansiedad. Este pasaje me desafió en aquel entonces y me sigue desafiando hoy. Recuerdo haber hablado con Jesús y decirle: «Señor, creo creer, quiero creer. Pero estoy teniendo dificultades para entregarte mis cosas y confiar en que todo saldrá bien». Recibí un mensaje muy fuerte a cambio, aunque no con palabras: Él puso esta idea en mi corazón: cuando Dios nos invita a confiar en Él, promete que todo saldrá bien al final, pero no promete que todo saldrá como queremos: «No juzguen, para no ser juzgados. Porque con el criterio con que ustedes juzguen se los juzgará, y la medida con que midan se usará para ustedes. ¿Por qué te fijas en la paja que está en el ojo de tu hermano y no adviertes la viga que está en el tuyo? ¿Cómo puedes decirle a tu hermano: "Deja que te saque la paja de tu ojo", si hay una viga en el tuyo? Hipócrita, saca primero la viga de tu ojo, y entonces verás claro para sacar la paja del ojo de tu hermano» (Mateo 7:1-5).

Es muy fácil juzgar a los demás. Recuerdo haber pensado eso. Recuerdo haberme avergonzado de lo crítico que era con los demás. Recuerdo haberle pedido a Dios que suprimiera todo el juicio de mi corazón. Y recuerdo que me senté allí queriendo que John empezara a leer el siguiente pasaje, y después de lo que pareció una eternidad, lo hizo: «Pidan y se les dará; busquen y encontrarán; llamen y se les abrirá. Porque todo el que pide, recibe; el que busca, encuentra; y al que llama, se le abrirá. ¿Quién de ustedes, cuando su hijo le pide pan, le da una piedra? ¿O si le pide un pez, le da una serpiente? Si ustedes, que son malos, saben dar cosas buenas a sus hijos, ¡cuánto más el Padre celestial dará cosas buenas a aquellos que se las pidan! Todos los que deseen que los demás hagan por ustedes, háganlo por ellos: en esto consiste la Ley y los Profetas» (Mateo 7:7-12).

El negocio de mi padre tenía dificultades en ese momento, y le pedí a Dios que le quitara el estrés y la ansiedad. Pude ver que eso estaba causando tensión entre mi madre y mi padre, y le pedí a Dios que aliviara esa tensión.

«Por sus frutos los reconocerán. ¿Acaso se recogen uvas de los espinos o higos de los cardos? Así, todo árbol bueno produce frutos buenos y todo árbol malo produce frutos malos. Un árbol bueno no puede producir frutos malos, ni un árbol malo, producir frutos buenos. Al árbol que no produce frutos buenos se lo corta y se lo arroja al fuego. Por sus frutos, entonces, ustedes los reconocerán» (Mateo 7:16-20).

Yo quería dar buenos frutos. No sabía cómo podía suceder eso, pero tenía el deseo. Por primera vez, permanecí sentado allí sin saber qué decirle a Dios, pero tuve la sensación de que mi deseo de dar buenos frutos era en sí mismo un buen comienzo. Unos momentos después, John rezó: «Señor mío y Dios mío, te damos las gracias por estos momentos de oración, y por todas las inspiraciones y resoluciones que has puesto en nuestros corazones. Danos el valor para vivirlos en nuestras vidas. Amén».

Luego se levantó, hice lo mismo y regresamos al auto. No me di cuenta en ese momento, pero mi vida acababa de cambiar significativamente y para siempre. ¿Qué había sucedido? Este hombre me había enseñado a rezar. Parece muy simple y natural: me enseñó a rezar. Pero es raro. A la mayoría de la gente nunca se le ha enseñado a hablar con Dios.

Pensé que habíamos estado en la iglesia durante unos quince minutos, pero cuando volvimos al auto el reloj llamó mi atención; vi que habíamos estado allí al menos treinta minutos.

Fue una de las experiencias más poderosas de mi vida. No era alguien que hablara acerca de rezar o me decía que rezara, y no era alguien que me hablara acerca de cómo rezar. Era alguien que me *enseñó* a rezar. Me llevó solo unos minutos, pero cambió mi vida para siempre.

Esta conversación con Dios sobre cualquier cosa y todo lo que está sucediendo en tu vida, sobre las cosas que te preocupan y las cosas que te dan alegría, está en el corazón de la vida espiritual.

Este método de oración es a veces conocido como oración mental u oración contemplativa. Pienso en ella simplemente como en la oración del corazón, de tu corazón hablando con Dios sobre lo que surge en tu alma. Es la oración de la conversación que practicaban los grandes santos y místicos. Pero ellos serían los primeros en decir que debería ser la forma en que tú y yo rezamos también.

LO QUE ESPERO PARA TI

No lo sabía en ese momento, pero el día que me enseñaron a rezar fue uno de los mejores días de mi vida. Más tarde comprendí que John probablemente había planeado esa experiencia. Recuerdo que me pregunté por qué nos íbamos tan temprano cuando mencionó por primera vez a qué hora me recogería ese día. Planear eso fue algo muy hermoso. Fue un regalo increíble.

Todos los pasajes que leyó ese día eran del Evangelio de Mateo. La semana siguiente, le pedí que escribiera las referencias, para poder reflexionar de nuevo sobre ellas. Y a lo largo de los años he reflexionado sobre estos mismos pasajes muchísimas veces.

Desearía poder llevarte a tu iglesia local, sentarme a tu lado, y brindarte exactamente la misma experiencia que me brindaron a mí. Espero que este libro te proporcione las herramientas y la confianza para practicar esta forma de oración por tu cuenta. Y en algún momento de tu viaje, si te sientes llamado a hacerlo, espero que enseñes a otras personas en tu vida a rezar de esta manera. Les darás un regalo inimaginable.

No hay nada como un despertar espiritual. El cielo parece más azul, el agua sabe más fresca, toda la vida se ve en alta definición, y cada vista, sonido, tacto y sabor es más rico y completo. Y todo ello comienza con la oración.

En los últimos treinta años, la oración diaria se ha convertido en uno de los hábitos fundamentales de mi vida. Espero que pronto se convierta también en uno de los hábitos fundamentales de la tuya.

NOTA PARA EL ALMA:

Alma,

Deja a un lado las preocupaciones de este mundo, y permítete volar como un ave en el viento. Escucha los susurros de tu Creador llamándote suavemente, invitándote a recordar que así como el cuerpo necesita alimento, también tu alma necesita ser alimentada.

TERCERA PARTE

El Hábito Esencial de la Vida

NUESTRAS VIDAS CAMBIAN cuando nuestros hábitos cambian. Cambian para bien con buenos hábitos, y para mal con hábitos autodestructivos. La oración diaria es un hábito esencial de la vida, que establece una base sobre la cual pueden surgir muchos otros grandes hábitos prácticos y espirituales.

ENSÉÑANOS A REZAR

Si pudieras pedirle a Dios cualquier cosa, ¿qué elegirías? Salomón tenía solo doce años cuando fue proclamado como rey de Israel. Imagina convertirte en el líder de una gran nación a una edad tan temprana. Él estaba ansioso por su capacidad de liderar la nación, preocupado por todas las decisiones que tendría que tomar. Entonces, una noche, Dios se le apareció en un sueño. Le dijo a Salomón que le daría todo lo que le pidiera. ¿Qué le pidió Salomón a Dios? Le pidió sabiduría.

Los discípulos viajaron con Jesús durante tres años, viéndolo enseñar y curar, conversando con él mientras caminaban por los caminos polvorientos de Galilea. La gente siempre trataba de acercarse a Jesús para pedirle favores, pero los discípulos estaban ahí, podían pedir cualquier cosa que quisieran en cualquier momento. ¿Qué le pidieron? Le pidieron a Jesús que les enseñara a rezar.

Habían visto a Jesús ir a lugares tranquilos para rezar. Leímos muchas veces en los Evangelios que iba a un lugar apartado de todos y de todo lo demás. Era claramente un hábito de Jesús. En cierto modo su petición era la misma que la de Salomón; la oración es un camino hacia la sabiduría.

La necesidad y el deseo de orar es universal. A menudo no somos conscientes de nuestras necesidades y deseos más profundos. A veces necesitamos cosas y no sabemos que las necesitamos. A veces anhelamos cosas pero no sabemos exactamente lo que anhelamos. Los hombres y mujeres de todas las épocas anhelan la conexión y la relación con Dios, porque fuimos hechos para eso. Los pájaros fueron hechos para volar, los peces para nadar, y los seres humanos fueron hechos para amar a Dios y a los demás.

«Enséñanos a rezar» es el deseo hablado y no hablado de cada persona, en cada tiempo y lugar. Refleja un deseo de sabiduría, que a su vez refleja un deseo de aprender a amar y descubrir la mejor manera de vivir.

COMPARTIR LA ALEGRÍA

Semanas después de que aprendiera a rezar hace todos esos años, un deseo surgió en mi interior para compartir con otros la increíble alegría que estaba experimentando. Cuando empecé a hablar y a escribir, este hábito de la oración diaria se convirtió inmediatamente en el mensaje central. Quería que el mensaje fuera inspirador, pero también práctico. Quería que la gente viera una conexión clara entre el mensaje que estaba compartiendo y cómo activarlo en sus propias vidas.

Durante muchos años, conté mi historia y animé a la gente a comprometerse con el hábito de la oración diaria. Pero con el tiempo me di cuenta de que necesitaban más. Necesitaban que les enseñaran a rezar, y también un método de oración. Más de veinte años después, todavía en esta búsqueda, comencé a preguntarme: ¿qué pasaría si hubiera un método de oración que te enseñara cómo rezar mientras rezas? Así fue como llegué al Proceso de Oración.

El Proceso de Oración está diseñado para ser utilizado por cualquier persona, en cualquier lugar, en cualquier momento, sin importar su experiencia en la vida espiritual, y fue diseñado para crecer contigo.

Durante treinta años he estado buscando cambios en la vida espiritual de la gente común y corriente. Enseñar a la gente a rezar es el mejor cambio, y yo pasaría el resto de mi vida haciendo esto y nada más. Hace varios años, me desafié a mí mismo a pensar en cómo podríamos enseñar a millones de personas a rezar de la manera que he descrito. Así fue como desarrollé el Proceso de Oración. Millones de personas ya se han beneficiado de este enfoque sencillo, que es un testimonio no solo de su simplicidad, sino también de su eficacia.

La razón principal por la que el Proceso de Oración es tan efectivo e impactante es porque inmediatamente supera muchos de los obstáculos que impiden a las personas perseverar en la oración. Es un método, sí. Pero es un método de oración que enseña a la gente a rezar mientras reza. La primera barrera para desarrollar el hábito de la oración diaria es que la mayoría de la gente que se siente atraída por la oración simplemente no sabe cómo hacerlo; nunca les han enseñado. El Proceso de Oración enseña a la gente a rezar.

El Proceso de Oración no requiere ningún mentor, ni guía, ni instrucciones. El proceso en sí mismo es la guía y las instrucciones. Si alguien encontrara una tarjeta en la calle con el Proceso de Oración impreso en ella, con solo leer la tarjeta, sería capaz de practicar este poderoso método de oración. El simple hecho de seguir las siete instrucciones nos conduce a una poderosa experiencia de oración, y al mismo tiempo, nos enseña a rezar.

La otra barrera con la que rompe el Proceso de Oración es que hace que la gente empiece de inmediato. Puedes empezar a practicarlo hoy mismo. Ni siquiera necesitas terminar de leer este libro para hacerlo, y hacerlo bien. Todo lo que necesitas es un corazón abierto y las 160 palabras del Proceso de Oración. Empezar es la mitad de la batalla; de hecho, es más de la mitad.

También es un proceso que nos encuentra en el lugar donde estemos en nuestro viaje espiritual. Ya sea que seamos avanzados o principiantes, el Proceso de Oración nos encuentra allí y nos lleva suavemente, paso a paso, a convertirnos en todo lo que Dios nos creó para ser. Si en un día en particular nos sentimos marchitos y desanimados, se encuentra con nosotros donde estemos y nos lleva a un lugar más esperanzador. Si nos sentimos eufóricos y animados, nos encuentra allí y nos enseña a usar estos dones para bien. Se expande o contrae para encontrarnos donde estamos con aquello que necesitamos. A menudo he explicado que un monje que ha pasado cincuenta años en un monasterio dedicado a la oración podría practicar el Proceso de Oración y tener una experiencia poderosa, mientras que alguien que nunca ha rezado en su vida podría comprometerse con el Proceso de Oración y tener una experiencia igualmente poderosa.

El Proceso de Oración es infinitamente expandible y contráctil. Si asistieras a un retiro, podrías pasar horas rezando (o escribiendo un diario) a lo largo del proceso, observando no solo las últimas veinticuatro horas, sino el año pasado, o incluso toda tu vida. Por ejemplo, el primer paso del proceso tiene que ver con la gratitud. Imagina cuánto tiempo podrías hablar con Dios sobre todo lo que ha sucedido en tu vida y por lo que estás agradecido. Por otro lado, tal vez en un día en particular te distraigas y no reces a tu hora habitual, y entonces el día se te escapa. En lugar de irte a la cama sin rezar porque no tienes la voluntad o la energía para rezar durante diez minutos, puedes acortar la experiencia. Saca un minuto. Sí, solo un minuto. Puedes seguir con cada uno de los siete pasos, pero diciéndole apenas una frase a Dios sobre una cosa en cada paso. Nunca dejes que lo que no puedes hacer interfiera con lo que puedes hacer. Esta habilidad de expandir y contraer es lo que más me gusta del Proceso de Oración. No es elitista ni excluyente de ninguna manera. Sirve a todos de acuerdo a cuán abierto esté nuestro corazón al encuentro con Dios.

Finalmente, el Proceso de Oración es una forma de oración que nos enseña a rezar a niveles cada vez más profundos con el simple hecho de practicarlo.

La gente a menudo me pregunta: «¿Cómo rezas?». Así es como rezo. Uso el Proceso de Oración todos los días. Lo presento ahora como un regalo de un valor infinito y te invito a comprometerte a usarlo durante los próximos veintiún días. Confío en que si lo haces, descubrirás que es un cambio de juego para tu vida interna y externa. Espero que se convierta en el contexto en el que practiques tu hábito de rezar diariamente por el resto de tu vida.

EL PROCESO DE ORACIÓN

1. **Gratitud:** Comienza agradeciendo a Dios en un diálogo personal por lo que sea que estés más agradecido hoy.

2. **Conciencia:** Revisa los tiempos en las últimas veinticuatro horas en los que fuiste y no fuiste la mejor versión de ti. Habla con Dios sobre estas situaciones y lo que has aprendido de ellas.

3. **Momentos significativos:** Identifica algo que hayas experimentado hoy y explora lo que Dios podría estar tratando de decirte a través de ese evento (o persona).

4. **Paz:** Pídele a Dios que te perdone por cualquier mal que hayas hecho (contra ti mismo, contra otra persona o contra Él), y que te llene de una paz profunda y duradera.

5. **Libertad:** Habla con Dios sobre cómo te está invitando a cambiar tu vida, para que puedas experimentar la libertad de ser la mejor versión de ti.

6. **Otros:** Eleva a Dios a cualquiera que sientas que esté llamado a rezar hoy, pidiéndole que lo bendiga y los guíe.

7. **Termina** rezando el Padrenuestro.

¿Podrían ciento sesenta palabras cambiar tu vida cada día, para siempre? Las he visto cambiar muchas vidas; espero que la tuya sea la próxima.

Hay miles de maneras de rezar. Pero necesitamos un método para consolidar nuestro hábito de rezar. Esto ayuda a crear una rutina poderosa, que es esencial para establecer un hábito vital en nuestras vidas. Si realmente quieres mejorar tu vida y crecer espiritualmente, este es el método de oración que te recomiendo. Comprométete con esta práctica durante diez minutos cada día y avanzarás espiritualmente como nunca antes.

Uno de los verdaderos tesoros que ofrece el Proceso de Oración es una mayor conciencia de quiénes somos y de lo que sucede adentro y alrededor de nosotros. Esta conciencia aumenta nuestra capacidad de experimentar la vida. Así es, en realidad aumenta nuestra capacidad de vida. Nos despierta de nuestra inconsciencia y nos invita a vivir a la altura de la conciencia. También aumenta continuamente nuestra conciencia de cómo se muestra Dios en nuestras vidas, cómo obra en las situaciones y circunstancias que enfrentamos cada día.

¿De qué porcentaje de tu actividad diaria eres consciente? ¿En qué porcentaje de tu actividad diaria estás realmente presente? Puede que te sorprendas.

Piensa en todas las cosas que haces cada día de manera inconsciente. Conduces al trabajo, y giras muchas veces, ¿eres consciente de cada uno de esos giros? ¿Eres consciente de alguno de ellos? ¿O te has acostumbrado tanto al camino que lo sigues de manera inconsciente? A menudo nos afeitamos, comemos y bebemos, nos bañamos, e incluso decimos «Te amo» de manera inconsciente. Con mucha frecuencia andamos por un día, una semana, un mes, o incluso por un año con muy poca conciencia, casi sin darnos cuenta de lo que realmente sucede adentro y alrededor de nosotros. El Proceso de Oración desafía esto al liberarnos de vivir de manera inconsciente.

Me parece que la gente es cada vez menos consciente de sí misma. Muchas de las cosas que decimos y hacemos gritan: «¡No soy consciente de la manera en que mi forma de hablar y de actuar afecta a la gente que me rodea!». La oración aumenta nuestra conciencia y nos lleva a experimentar la vida en un nivel totalmente nuevo: de manera consciente. Nos despierta a los milagros que ocurren adentro y alrededor de nosotros cada día.

¿Dios nos habla? Sí, y si escuchamos atentamente, creo que muchos de nosotros le oiremos decir: «¡Es hora de despertar!».

El Proceso de Oración proporciona un formato consistente para guiarte en tu oración diaria. Aunque parezca rudimentario, para cualquiera que haya tratado de rezar y haya fracasado, pero que todavía anhele conectarse con Dios, es un regalo profundo y práctico.

A la mayoría de las personas nunca les han enseñado a rezar. Esta es la primera barrera a la que se enfrentan cuando son movidos por el Espíritu para rezar. El Proceso de Oración resuelve esto. Solo leyendo el proceso y siguiendo las indicaciones, aprenderemos a rezar. El método en sí mismo nos enseña a rezar. El siguiente obstáculo que encuentra la mayoría de la gente cuando se siente atraída por la oración es que simplemente no saben por dónde empezar. El Proceso de Oración también resuelve esto proporcionando un formato y método simple.

Este método de oración es un cambio de juego para ti en términos espirituales y en cada aspecto de tu vida. Pero no creas en mi palabra. Comprométete a practicar el Proceso de Oración durante diez minutos cada día por veintiún días. Si lo haces, estoy seguro de que te convencerás rápidamente de su poder. Son 160 palabras que pueden cambiar tu vida para siempre.

Cada uno de los primeros seis pasos del proceso debe estimular una conversación entre ti y Dios. Es fácil caer en la trampa de pensar simplemente durante la oración. Cuando te das cuenta de que lo haces, vuelve a hablar con Dios sobre aquello que estés pensando. El objetivo es desarrollar la habilidad de tener conversaciones íntimas con Dios durante este tiempo reservado para la oración. Cuanto más profundamente arraigados estemos en este hábito de la oración diaria, más se extenderán esas conversaciones con Dios a los momentos de nuestra vida diaria, y entonces nos encontraremos hablándole mientras conducimos al trabajo, mientras hacemos fila en el mercado, mientras paseamos al perro, esperamos en la sala del consultorio médico, y en las actividades ordinarias de nuestra vida diaria.

He sido bendecido con muchos amigos maravillosos en esta vida. Algunos de mis mejores amigos viven en mi calle, y otros en el otro lado del mundo; algunos de mis mejores amigos son autores muertos, santos y héroes; tengo un puñado de libros que están entre mis mejores amigos; y el Proceso de Oración es uno de mis mejores amigos. ¿Qué es un amigo? Cualquier persona (o cualquier cosa) que quiera lo mejor para ti y busque activamente para ayudarte a ser todo aquello que Dios te creó para ser la mejor versión de ti.

El objetivo del Proceso de Oración es desencadenar una conversación frecuente y significativa entre tú y Dios. También proporciona el plano para crear y mantener un hábito dinámico de oración diaria por el resto de tu vida. Nada cambiará tu vida de un modo más significativo que forjando una vida de oración vibrante y sostenible.

Te animo a que empieces (o renueves) hoy tu compromiso con el hábito de la oración diaria. Utiliza el Proceso de Oración para guiarte. Si lo haces, estoy seguro de que verás que es una guía fiel que te conducirá a una amistad profunda con Dios para toda la vida. En esta vida, no hay nada más importante o satisfactorio que desarrollar una amistad con Dios.

La oración gira en torno a la relación, la intimidad y la unidad con Dios. La conversación está en el corazón de todas las relaciones dinámicas. Habla con Dios —simplemente habla con Él— y en poco tiempo verás cómo evolucionan las conversaciones en todas tus relaciones. La oración nos enseña cómo vivir, y al igual que la oración, la vida gira en torno a las relaciones. Simplemente habla con Él...

TUS MEJORES DÍAS

Uno de los grandes momentos en la vida de un cristiano es cuando nos damos cuenta, de una vez por todas, que una vida con oración es mejor que una vida sin oración.

Cuando las personas se esfuerzan por recuperarse de una adicción a las drogas o al alcohol, se les anima a no pensar en mantenerse limpios y sobrios por el resto de sus vidas, sino a tomarlo un día a la vez. Si piensan en no volver a beber nunca más, por ejemplo, el pensamiento en sí puede ser tan abrumador y parecer tan imposible que aplasta su espíritu y vuelven a beber. Si piensan en no tomar un trago hoy, eso parece manejable y posible, y se acercan un día más a deshacerse del yugo de la esclavitud del alcohol. También establecemos hábitos de vida un día a la vez. Si pensar en rezar todos los días por el resto de tu vida es abrumador, tómalo un día a la vez.

La vida es una colección de días, y algunos son mejores que otros. Esto puede parecer obvio, así que tal vez no lo cuestionemos. Pero ¿por qué algunos días son mejores que otros? Si miramos hacia atrás los últimos meses, algunos días fueron probablemente maravillosos, la mayoría de los días fueron promedio, algunos días no fueron tan buenos, y quizá incluso hubo un par de días que fueron horribles. Pero ¿qué fue lo que marcó la diferencia? ¿Fue algo por fuera de tu control o algo dentro de tu influencia?

Una cosa que he descubierto a medida que me vuelvo más

y más consciente de lo que sucede adentro y alrededor de mí es que si un día no comienza bien, muy rara vez termina siendo un buen día. Una vez que un día se aleja de nosotros, tendemos a entrar en modo de supervivencia. Y un día se nos puede escapar de muchas maneras. De hecho, es casi seguro que un día saldrá mal a menos que saquemos de manera consciente el tiempo para enfocarlo a primera hora de la mañana.

¿Cómo empiezan tus mejores días? La mayoría de la gente no lo sabe. Tienen una corazonada, pero simplemente nunca han pensado o experimentado lo suficiente en ello. A medida que empiezas a practicar el hábito de la oración diaria y comienzas cada día en oración, creo que descubrirás que esto cambia la forma en que abordas y experimentas tu vida diaria. Este conocimiento te dará más poder para aprovechar la oración y darle una verdadera dirección a tu vida al principio de cada día. Comienza tu día con una oración, así sea breve. Aunque no sea el momento principal de tu oración cada día, e incluso si no es el momento en que utilizas el Proceso de Oración, comienza tu día con la oración.

Con el tiempo serás más consciente de cómo el hecho de rezar (o no rezar) te afecta a ti, a tu vida, a tus relaciones, a tu trabajo, a tu salud, a tus decisiones y a todos los aspectos de tu vida diaria. Esta conciencia creciente es ordinaria y práctica, y sin embargo, es uno de los más altos regalos espirituales.

Después de un tiempo, sentirás la diferencia cuando no sigas tu rutina regular de oración. Puede que te sientas menos alegre, desenfocado, estresado, menos consciente de lo que sucede adentro y alrededor de ti, menos capaz de dar a los que te importan el amor y la atención que se merecen, y desconectado de Dios. Te sentirás desconectado de ti cuando no comienzas tus días en la forma en que sabes que funciona mejor.

Las personas que tienen un hábito sólido de la oración diaria saben cómo comienzan sus mejores días, y los más maduros entre ellos (en sabiduría, no en edad) harán casi cualquier cosa para defender su rutina matinal. Prefieren levantarse una hora antes que renunciar a su oración matinal. Saben que un día que no comienza bien tiende a no terminar bien; simplemente es muy difícil cambiar el impulso de un día.

¿Cómo empiezan tus mejores días? Intenta comenzar tu día con una oración, aunque sea breve, y observa cómo impacta el resto de tu día.

LO BÁSICO

El dominio de casi cualquier cosa gira en torno a lo básico. Como seres humanos, nos fascinan las cosas nuevas y diferentes, especiales o extraordinarias, las últimas cosas brillantes y chispeantes. Pero casi todo el éxito y la felicidad en este mundo surgen a partir de las cosas ordinarias. Nos dejamos seducir por lo espectacular, pero es en lo básico donde se encuentra el tesoro verdadero y duradero.

El éxito en casi todo se basa en este único principio: haz lo básico, hazlo bien, y hazlo todos los días, *especialmente* cuando no tengas ganas de hacerlo. No importa si se trata del fútbol, del matrimonio, la crianza, las finanzas personales, la aptitud física, las operaciones militares, las pequeñas empresas, las grandes empresas, o la oración. Esta es una de las razones por las que la mayoría de la gente no tiene un éxito fenomenal. Les falta la persistencia de hacer las mismas cosas una y otra vez.

Dominar lo básico es el secreto del éxito. Así que mientras hacemos este viaje juntos, resiste la tentación de mirar más allá de lo básico. Lanzarse a lo básico día tras día puede resultar tedioso de vez en cuando, pero la paz y la alegría resultantes de un hábito establecido de la oración diaria nunca lo es.

Cuando se trata de establecer una vida vibrante de oración diaria, los fundamentos son pocos y simples: qué, cuándo, dónde, cómo y por qué.

Qué: Diez minutos al día en oración conversacional.

Cuándo: La mayoría de la gente cree que el mayor impacto ocurre al rezar por la mañana, pero algunos no somos madrugadores, y no queremos que esa sea la razón por la que no perseveres en este hábito. Puedes decidir la hora que te convenga, pero elige una hora específica, anótala en tu agenda y apégate a ella. Haz que sea una parte no negociable de tu día, un compromiso sagrado. Si surge algo y necesitas cambiar tu tiempo de oración, muévela a una hora más temprana del día; nunca la aplaces. Si lo haces, probablemente no rezarás.

Dónde: Encuentra un lugar donde puedas estar tranquilo y en silencio, con las menores distracciones posibles, un lugar que esté disponible para ti todos los días. Haz cualquier cambio que necesites hacer en ese espacio a fin de prepararte para tener éxito (aunque probablemente no sabrás la mejor manera de preparar el espacio hasta que hayas rezado allí por un tiempo). Te animo a que vayas de vez en cuando a una iglesia para hacer tu oración diaria. Leemos en la Biblia que Jesús va a un lugar apartado para orar. Su iglesia es un lugar apartado. Más específicamente, está diseñada especialmente para la oración. Esto significa que normalmente se trata de un sitio tranquilo. Además, Dios está presente de una manera única y especial en nuestras iglesias.

¿Cómo?: Utilizando el Proceso de Oración (y otras herramientas suministradas en este libro). Hay miles de métodos y formas diferentes de oración, pero cuando se establece este hábito poderoso es mejor centrarse en uno solo. Desarrolla la maestría usando este método de oración antes de explorar otros enfoques. Bruce Lee, el famoso exponente de artes marciales, dijo: «No tengo miedo del hombre que ha practicado diez mil patadas una vez. Tengo miedo del hombre que ha practicado una patada diez mil veces». El objetivo es inculcar profundamente el hábito de la oración diaria en tu alma y en tu vida. Este objetivo se alcanza mejor con la práctica de una forma de oración, en este caso, con el Proceso de Oración.

¿Por qué?: Lo que la gente hace es interesante, pero *por qué* lo hacen es fascinante. A medida que tengas una mayor intimidad con Dios, Él te animará a expresar tus razones y motivos para muchas de las cosas que haces. Esta exploración de los motivos puede conducirte a una conciencia increíble, así como a una vida vivida con un propósito inamovible. Cuando se trata de la oración, conocer nuestras razones juega un papel importante. Nos permite tener claro por qué lo hacemos, lo que sirve como un recordatorio poderoso cuando estamos tentados de saltárnoslo, posponerlo o detenerlo por completo. Ten muy claro cuáles son tus razones.

¿CUÁL ES TU IMAGEN DE DIOS?

Pocas cosas tendrán un mayor impacto en nuestra experiencia de oración que la imagen de Dios que tenemos en

nuestros corazones. La dificultad es que cada uno de nosotros tiene una imagen incompleta y distorsionada de
Dios. Las Escrituras nos enseñan que fuimos creados a imagen de Dios, pero sin experiencias auténticas de Dios, el
peligro es que empecemos a crear a Dios a nuestra imagen.
A través del hábito diario de la oración y de otras prácticas espirituales, nuestra imagen de Dios se alinea gradualmente más con la realidad de quién es Él.

¿Cuál es tu imagen de Dios? ¿Cómo imaginas a Dios? ¿Lo
imaginas como un padre amoroso o como un padre iracun-
do? ¿Ves a Jesús como un maestro, hermano, amigo o salva-
dor? ¿Ves al Espíritu Santo como cercano y personal, o distante e impersonal?

La primera vez que exploré estas preguntas me avergonzó
lo poco que pude articular. Me desafié a mí mismo a sentarme y escribir todo lo que supiera sobre Dios. Estaba atur-
dido por lo poco que sabía. Me desafié a mí mismo a hacer una lista de todas las cualidades y atributos de Dios. Me
sorprendió lo poco que pude nombrar. Esto reveló que no
conocía a Dios muy bien en absoluto.

Asumimos que conocemos a Dios. También asumimos que lo
que creemos sobre Dios es verdad, y a menudo no lo es. La única
cosa peor que no conocer a Dios es saber y creer cosas sobre
Dios que no son ciertas. Esto es peor que no conocer a Dios en
absoluto, porque a menudo nos impide conocerlo realmente.

A lo largo de nuestras vidas nos han dicho cosas, y hemos
tenido experiencias que han distorsionado la imagen de Dios

que tenemos en nuestras mentes y corazones. Por ejemplo, si tu padre fue negligente o abusivo, es casi seguro que eso ha afectado la forma en que ves a Dios. Afectará particularmente tu capacidad de ver a Dios como un padre amoroso y atento que se interesa por todo lo que sucede en tu vida. Otro ejemplo pueden ser las cosas que escuchaste sobre Dios en la escuela. Tal vez te hayan dicho que Dios no existe. Algunos profesores pueden haberse burlado de los estudiantes que creían en Dios. Todas estas experiencias tienen un impacto en la imagen que tenemos de Dios en nuestros corazones y mentes. A veces somos conscientes de estas influencias y a veces no. Puede tomar años o décadas darnos cuenta de cómo ciertas personas y eventos han afectado nuestra imagen de Dios, positiva o negativamente.

Entonces, ¿cómo es Dios realmente? Dios tiene muchos atributos. Es infinito, eterno, bueno, autosuficiente, omnipresente, generoso, santo, personal, bondadoso, amoroso, sabio, misterioso, todopoderoso, uno, providencial, justo, trascendente, veraz, eterno, paciente, libre, inmutable, accesible, pacífico, perfecto, compasivo, hermoso, digno de alabanza, fiel, omnisciente, gracioso, misericordioso, atento, fascinante y profundamente interesado en todos y en todo lo que ha creado.

Hay muchos atributos que podrían usarse para describir a Dios, así que es importante recordar lo que estamos tratando de lograr. Nuestro objetivo no es obtener una comprensión teológica de Dios (aunque ciertamente no nos oponemos a ello). Nuestro objetivo es descubrir cómo conectarnos mejor con Dios.

De vez en cuando me gusta preguntarme: ¿cuáles son los tres atributos que más me ayudan a conectarme con Dios? Estos son los tres que he elegido hoy: el amor, la paciencia y la fidelidad. En otros momentos de mi vida, he elegido otros atributos.

Elegí amar porque el amor parece ser la esencia de todo lo que Dios es y hace, y anhelo que sea la esencia de lo que soy y de todo lo que hago. Pero en un nivel más básico y humano, anhelo amar y ser amado. Elegí ser paciente porque conozco mis defectos, fallos y limitaciones, y necesito que Él (y cualquier persona con la que me relacione) sea paciente conmigo mientras busco a tientas una mejor versión de mí mismo. Elegí ser fiel porque necesito recordarme a mí mismo que nuestro Dios cumple sus promesas. Veo esto como un gran recordatorio y consuelo en tiempos de problemas o incertidumbre. ¿Cuáles son los tres atributos que más te ayudan a conectarte con Dios?

¿Por qué es importante esto? Por muchas razones, pero empecemos con tres que son intensamente prácticas. La primera razón es porque la imagen que tienes de Dios afecta profundamente (o de manera perturbadora) la imagen que tienes de ti. Las Escrituras nos dicen que fuimos hechos a imagen de Dios, así que la forma en que nos vemos a nosotros mismos será impactada masivamente por la forma en que vemos a Dios. Como padre, me siento fascinado por la forma en que mis hijos se ven a sí mismos. La imagen que tienen de sí mismos tiene una influencia asombrosa en casi todo lo que piensan, dicen y hacen. Y esto no cambia, sin importar la edad que tengamos. Si nuestra imagen de Dios se distorsiona, la imagen que tenemos de nosotros mismos también se distorsionará. Una imagen saludable de Dios también te dotará con una imagen de ti que sea fuerte y verdadera.

La segunda razón por la que es importante es porque tu imagen de Dios tiene un impacto en todas las relaciones de tu vida. Nunca tendremos mejores relaciones con otras personas que en nuestra relación con Dios. Nuestra relación con Dios sirve como un modelo para nuestras otras relaciones.

La tercera razón es porque nada impactará más tu relación con Dios que cómo te imaginas que es Dios. Si tienes una imagen distorsionada de Dios, esto se convierte en un obstáculo para muchos de los momentos más significativos del viaje espiritual.

Nuestra imagen de Dios se ajusta a través del hábito diario de la oración (y de otras experiencias y prácticas espirituales). Hay una diferencia entre conocer a alguien y conocer realmente a esa persona. Dios es amor. Esto es saber sobre Dios. Dios es amor. Esto es experimentar a Dios de una manera profundamente personal. Nuestro conocimiento sobre Dios a menudo sobrepasa nuestra experiencia de Él, y este libro es un intento directo de inclinar la balanza. A través de un hábito diario de la oración, buscamos experimentar al Dios amoroso que es amor. Al encontrarnos frecuentemente con Dios, nuestra imagen de Él estará realineada continuamente con Su realidad.

La imagen que tenemos de Dios impacta en todo. No solo en nuestra espiritualidad, sino en todo lo demás. No es algo de lo que podamos sentarnos a discutir durante una tarde y rectificar. Hay poderosas influencias emocionales, psicológicas, espirituales y prácticas que obran. Se necesita toda una vida de oración, reflexión y observación para realinear continuamente nuestra imagen de Dios con la realidad de quién es Él. ¿Qué tan bien conoces a Dios? Me he hecho esta pregunta muchas veces a lo largo de mi vida, y sigo llegando a la misma respuesta: mejor que el año pasado, pero no tan bien como me gustaría.

Sé que este tema ocupa apenas unos pocos párrafos en un libro sobre la oración, pero por favor créeme cuando te digo que las implicaciones de tu imagen personal de Dios son infinitas. Pídele a Dios que se revele a ti, que reajuste la forma en que lo percibes con lo que realmente es.

HAY PODER EN UN NOMBRE

Una de las formas en que nos conectamos en las relaciones y conversaciones es a través de los nombres. Encontrar el nombre que mejor te ayude a conectarte con Dios es esencial mientras aprendemos a rezar. Hay un gran significado en los nombres. A los padres a menudo les cuesta decidir qué nombre dar a su hijo porque saben que hay poder y significado en un nombre. Dios a menudo cambia el nombre de una persona cuando la envía a una gran misión (Génesis 17:5). En el Nuevo

Testamento leemos acerca de los demonios que son expulsa-
dos en el nombre de Jesús (Marcos 9:38 y Hechos 16:18).

A lo largo de la historia del cristianismo, se ha creído que
el nombre de Jesús tiene poder. Podríamos discutir y debatir
esto en profundidad, pero propongo un camino más corto.
La próxima vez que sientas peligro, tentación o confusión en
tu vida, repite el nombre de Jesús lentamente una y otra vez.
«Jesús... Jesús... Jesús...».

Los nombres que usamos para dirigirnos a los demás también indican niveles de intimidad. Una persona puede tener
muchos nombres. Un hombre puede ser conocido como el
Sr. Jones, Edward, Ted y Teddy. Mi esposa sabe que si alguien
me dice Matt, está fingiendo conocerme, pero en realidad no
me conoce, porque nadie que sea cercano a mí me dice Matt.
Hay poder y significado en los nombres.

La conversación es un camino a la intimidad, y los nombres que usamos son signos de intimidad. Encontrar el nombre que mejor te ayude a conectarte con Dios y a entrar en
conversación con Él es esencial para establecer una vida de
oración que sea vibrante. La oración es, después de todo, y
entre otras cosas, una conversación.

El mejor lugar para empezar es probablemente con el Padre,
el Hijo y el Espíritu Santo, aunque no sea por otra razón que esta
es la forma en que Dios se ha revelado a nosotros. Con el tiempo, es bueno aprender a rezar a cada uno de ellos, y saludable
para fomentar una relación con cada persona de la Trinidad.

Una forma de hacerlo es considerar las cualidades de Dios y

discernir qué cualidad le atribuye al Padre, al Hijo y al Espíritu Santo. Siempre he visto al Espíritu Santo como el gran animador, inspirándonos y transformando cada momento en un mini-Pentecostés; Jesús siempre ha sido un maestro y un amigo; y Dios Padre siempre ha sido un consejero, un guía y un sabio.

Pero es diferente para cada persona, y es diferente para ti. Lo importante es que lo explores por ti mismo y te sientas cómodo con el nombre que te lleve a una conversación con Dios. Este hábito diario de oración que nos esforzamos por desarrollar es una conversación, una oración del corazón, y los nombres son íntimos e importantes. No se trata de una búsqueda académica, sino de una exploración profundamente personal de qué nombre te ayude mejor a encontrarte con Dios.

Rezo principalmente a Dios Padre. Imagina al padre más asombroso, al mejor de todos los padres que hayas conocido, que no tenga nada de malo. La idea de Dios como Padre resuena profundamente en mí, y siempre me ha llamado la atención que cuando los discípulos le pidieron a Jesús que les enseñara a rezar, Él los instruyó para que rezaran a Dios como Padre. Pero conozco personas que no tuvieron grandes relaciones con sus padres terrenales y que tienen muchas dificultades para rezar a Dios como a un Padre. Esto no es insuperable, pero sí comprensible.

Otras personas encuentran que rezar a Jesús les facilita la relación y el encuentro con Dios. Los Evangelios proporcionan tantas imágenes e historias de Jesús que estimulan nuestro conocimiento e imaginación. Todas ellas son muy útiles cuando se trata de rezar en el estilo de conversación del que hemos estado hablando.

Otros se identifican más fácilmente con Dios como Espíritu y encuentran que rezar al Espíritu Santo es la mejor manera de entablar una relación profundamente personal con Dios. Y nunca he conocido a nadie que haya confiado demasiado en el Espíritu Santo en busca de orientación en aquellos momentos del día en que nos enfrentamos a decisiones grandes y pequeñas. De hecho, la mayoría de nosotros confiamos muy poco en el Espíritu Santo.

Por supuesto, en diferentes temporadas y situaciones podemos encontrarnos rezando espontáneamente a Dios como Padre, Hijo o Espíritu. E, incluso dentro de cada una de estas tres personas, hay docenas de nombres con los que podemos invocar a Dios. Solo Jesús es conocido como Señor, Maestro, Cristo, Logos, Hijo de Dios, Hijo del Hombre, Hijo de David, Cordero de Dios, el Nuevo Adán, el Segundo Adán, la Luz del Mundo, el Rey de los Judíos, Rabino, el Rey de Reyes, el Señor de los señores, el Verbo hecho Carne, Emmanuel, y muchos otros.

Encuentra el nombre que mejor facilite una relación entre tú y Dios. Puede tomar tiempo, pero te alegrarás de haberlo hecho. Señor, Yahvé, Espíritu de Dios, Adonai, Padre, Jesús... encuentra el que funcione para ti... y a veces la manera de encontrar lo que funciona para ti es orar usando nombres diferentes. Cuando te dirijas a Dios usando nombres diferentes, presta atención a qué nombre resuena con mayor profundidad. Lo sabrás cuando lo encuentres. Puede que ya lo sepas. Puede que cambie con el tiempo, y eso está bien. Nuestra relación con Dios debería basarse en su propia naturaleza dinámica: positiva, llena de vida y energía, cambiante y creciente, una fuerza que estimule el cambio y el progreso.

El nombre (o nombres) que usamos para dirigirnos a Dios es importante, y sin embargo, es solo el comienzo de la intimidad que Dios desea tener contigo. La ternura de Dios es tal que se preocupa por todos y cada uno de sus hijos. Su providencia es otra expresión de Su ternura. Esta ternura es también uno de los atributos de Dios de los que no hablamos lo suficiente.

Hablar con Dios es un acto hermoso e íntimo. Llamar a Dios por Su nombre fue considerado tan íntimo por muchas religiones a lo largo de la historia que no se han atrevido a hacerlo. El cristianismo es muy diferente en este aspecto. Creemos en un Dios personal, que está cerca de nosotros y se preocupa por nuestro bienestar, no en una deidad fría, distante e inabordable. La idea de elegir el nombre que más ayude a conectarse íntimamente con Dios parecería blasfema para muchas religiones pasadas y presentes, y sin embargo, es muy natural y normal que un cristiano fomente su relación íntima con Dios de esta manera simple y profunda.

COMIENZA HOY

La parte más difícil de muchas cosas es empezar. Un transbordador espacial utiliza el noventa y seis por ciento de su combustible durante el despegue, pero una vez que es lanzado, continúa con poco esfuerzo en relación con lo que se requiere para llevarlo a la atmósfera. Los primeros veintiún días de un nuevo hábito son como el lanzamiento de un transbordador espacial. No te pierdas ni un solo día. Protégete con diligencia contra la resistencia, la pereza y las distracciones.

¿Has comenzado con tu hábito de rezar diariamente? Si no es así, ¿a qué esperas? No esperes a terminar el libro. No esperes otro día. ¡Comienza hoy! Si tienes que elegir entre rezar y leer el siguiente capítulo de este libro, reza, te lo ruego. Cuanto antes empieces con el hábito, más profundo se arraigará en tu vida. Y tu vida cambiará y se renovará para siempre gracias a él.

Dios nos invita constantemente a crecer, a desarrollarnos, a cambiar, a amar con mayor intensidad, y a convertirnos en la persona completa que Él nos creó para ser. Esto requiere una conversión diaria del corazón. Comienza cada día en oración. Haz de esto una cita sagrada en tu calendario. No establezcas tú mismo el curso para el día, busca el sabio consejo de tu capitán. Él te ayudará a evitar aguas y rocas peligrosas. Y comienza cada tiempo de oración renovando tu disponibilidad para Dios.

Nunca faltes a tu tiempo de oración diaria. Si surge algo inesperado, hazlo más temprano, pero nunca pospongas tu oración. Si lo haces, te encontrarás casi inevitablemente al final del día habiendo estado ocupado con tantas cosas que significan muy poco en el gran esquema de las cosas, pero sin pasar tiempo con Dios de esta manera tan poderosa y personal. Hazte una promesa a ti mismo y a quien te dio el aliento que anima tu ser. Si no podemos dedicar estos pocos minutos a pasar exclusivamente con Dios cada día, no nos pondremos a Su disposición durante todo el día. Si no nos ponemos a Su disposición por completo durante el tiempo prometido, será demasiado fácil excluirlo de las demás partes de nuestros días y vidas. Haz una promesa y mantenla, un día a la vez.

A menudo me pregunto por qué tanta gente se identifica con mis escritos. Una de las razones por las que me he consolidado a lo largo de los años es porque soy un observador de mí mismo, de los demás y de la vida.

Mi esposa, Meggie, y yo hemos sido bendecidos con cinco hijos hermosos. Es una de las grandes alegrías de mi vida pasar tiempo con ellos, pero también he aprendido muchas lecciones simplemente observándolos. Uno de los regalos más prácticos que mi esposa ha dado a nuestros hijos desde que nacieron ha sido la rutina. Parece algo muy corriente, pero muchas veces las cosas corrientes son las más esenciales y vivificantes. Los niños prosperan con la rutina. He sido testigo de ello. Si suprimes la rutina, reinará el caos. Ellos se resistirán a la rutina, se quejarán de ella, lucharán con ella, pero la necesitan, y esta saca lo mejor de ellos.

Los adultos también prosperan con la rutina. Deja que este, tu hábito de oración diaria, sea el comienzo de muchas rutinas nuevas y poderosas en tu vida, para que puedas florecer como nunca antes.

NOTA PARA EL ALMA:

Alma,
Ven al silencio y aprende qué es lo que necesitas para prosperar.
Abraza lo que te hace bailar de alegría. Y comparte con todos
los que conozcas el amor con que el mismo amor te ha llenado.

CUARTA PARTE

Seis Poderosas Lecciones Espirituales

DURANTE MILES DE AÑOS, hombres y mujeres de todas las religiones han hecho peregrinaciones. Estos viajes sagrados son experiencias poderosas que hacen las personas en busca de Dios, de Su voluntad y de Su favor. Sobre todo, estos viajes sagrados nos recuerdan que la vida misma es una peregrinación, y que solo estamos de paso por este lugar que llamamos tierra.

Muchos de estos peregrinajes implican cientos e incluso miles de millas de viaje, y antes del transporte moderno eran tareas agotadoras. Pero contrariamente a la creencia popular, el peregrinaje más largo y difícil del mundo nunca ha sido a Jerusalén, a Santiago o a Fátima.

EL VIAJE MÁS LARGO

Los Sioux creían que el viaje más largo que podemos hacer en esta vida es de la cabeza al corazón. Este es también el viaje espiritual más largo que podemos hacer; es el peregrinaje de la oración. Pensamos que el corazón es emocional, y lo es, pero también es profundamente espiritual. ¿Estás viviendo tu vida desde la mente? ¿Estás viviendo tu vida desde el corazón? ¿O has encontrado el delicado equilibrio entre el corazón y la mente que te permite vivir en una sabiduría creciente? La oración nos ayuda a hacer el viaje de la cabeza al corazón, y es la oración la que nos permite equilibrar el corazón y la mente para poder vivir en la sabiduría.

Cada viaje tiene una serie de momentos corrientes, pero hay otros que destacan como significativos. Los momentos significativos en el peregrinaje de nuestras vidas generalmente nos presentan una elección que debemos hacer. Hay una gran decisión espiritual ante ti en este momento: ¿hacer de la oración un hábito diario en tu vida o no? Esta es una elección que te afectará todos los días por el resto de tu vida.

¿Elegirás hacer este viaje adoptando un hábito de oración diaria? Si lo haces, hay seis momentos clave que encontrarás en tu viaje. Los he encontrado, y quiero prepararte haciéndote consciente de ellos. Cada uno de estos momentos representa un cambio enorme en nuestra vida interior. Son puntos críticos en el viaje que proporcionan lecciones duraderas que nos serán de mucha utilidad durante el resto de nuestras vidas.

Nunca serás el mismo después de experimentar estos momentos. Son verdaderamente sísmicos. Incluso si abandonas el camino de la oración después de experimentarlos, vivirán en ti por siempre como un anhelo insaciable de algo más, mejor y hermoso. Reza para tener la gracia, la sabiduría y el coraje de abrazarlos cuando te encuentres con estos momentos.

SEIS CAMBIOS SÍSMICOS

En los últimos treinta años, he experimentado muchas temporadas en mi vida espiritual: tramos largos de gran consistencia; otros en los que he sido inconsistente en mi oración; tiempos de resistencia y tiempos de entrega; temporadas de gran paciencia, y temporadas de impaciencia y egoísmo; periodos en los que no podía esperar para orar y periodos en los que tenía que obligarme a seguir haciéndolo; días en los que sentía el calor del amor de Dios llenar todo mi ser y mis días en los que sentía tanto frío que parecía que Él estaba muy lejos de mí; semanas en las que sentía que estaba en la niebla más espesa y meses en los que veía las cosas con gran claridad; temporadas de prueba en las que nada parecía ir bien y temporadas de triunfo en las que parecía que nada podía salir mal.

La vida espiritual está hecha de estaciones, e incluso en los momentos más oscuros es importante recordarnos que la primavera volverá.

Las seis lecciones que estoy a punto de compartir contigo me han sido muy útiles en cada temporada.

La definición de sísmico es «de enormes proporciones o efecto»; uso esa palabra muy deliberadamente aquí. Las seis lecciones que estoy a punto de describir tuvieron ese tipo de impacto en mi vida interior y exterior, y estoy seguro de que también tendrán un gran impacto en tu vida.

EL PRIMER CAMBIO:
ENTABLA LA CONVERSACIÓN

El primero de estos cambios sísmicos es maravillosamente ordinario y maravillosamente simple. Imagina que estás caminando por Central Park en la ciudad de Nueva York y te detienes en una de las muchas bancas para descansar un poco. En la banca de al lado está sentado un anciano. Después de recuperar el aliento y asimilar la escena, lo saludas. A partir de ahí empieza una conversación muy agradable, y antes de darte cuenta, has estado hablando durante quién sabe cuánto tiempo. La sorpresa y el placer crean una sensación de optimismo en tu interior, pero es más que una simple sensación. Te levantas para irte y continuar con tus otros compromisos del día, pero te sientes obligado a preguntarle al anciano caballero si puedes mantenerte en contacto. Él está de acuerdo y te da su información. Es el comienzo de una amistad única. Lo sabes en ese momento. Es tuyo para atesorarlo o para despilfarrarlo.

La oración es una conversación. Simplemente entabla la conversación. Este es el primer cambio sísmico en la vida espiritual. Una vez que la conversación ha comenzado, puede conducir a cualquier lugar. Y lo más importante, conducirá a los lugares a los que necesita conducir. Nunca subestimes lo importante que es iniciar una conversación. Esto es cierto con tus amigos y colegas, tus hermanos y hermanas, hijos y cónyuge, y por supuesto con Dios. Empieza una conversación y te sorprenderá a dónde te lleva.

Este primer cambio requiere que hagamos el viaje de la cabeza al corazón, para pasar de un tipo de oración de pensamiento a un estilo de oración relacional. Es simple, pero no fácil. El Proceso de Oración está diseñado para facilitar esta conversación entre tú y Dios, para que puedas aprender a rezar con el corazón, y hacer el viaje de la cabeza al corazón.

Solo tienes que iniciar la conversación. Este fue el primero de los seis cambios sísmicos en mi vida interior. No tenía ni idea de que ese día, cuando entré a esa iglesia con mi amigo, estaba a punto de comenzar la conversación más épica de mi vida.

EL SEGUNDO CAMBIO:
PREGÚNTALE A DIOS QUÉ QUIERE

El segundo de estos cambios sísmicos ocurre dentro de la conversación cuando dejamos de pedirle a Dios lo que queremos y empezamos a preguntarle qué es lo que quiere.

La mayoría de las oraciones murmuradas, susurradas y gritadas en el planeta hoy en día están pidiendo algo a Dios. Pedimos favores especiales, desde lo honorable hasta lo frívolo. Le pedimos que ayude a nuestro amigo enfermo a mejorar, que nos busque un empleo, que ayude a nuestro pariente adicto, que nos ayude a llegar a tiempo al trabajo.

Recuerdo estar de pie en un campo de fútbol rezando a Dios para que nos ayudara a ganar. Sabiendo lo que sé hoy sobre la vida, sobre todo el sufrimiento humano y las necesidades reales no satisfechas de tantas personas, si estuviera de vuelta en ese campo de fútbol hoy no estaría rezando esa oración.

Este cambio en nuestras vidas espirituales cuando dejamos de pedirle a Dios lo que queremos y empezamos a preguntarle lo que Él quiere es sísmico, porque es cuando empezamos a hacerle la Gran Pregunta: «Dios, ¿qué crees que debería hacer yo?». «Dios, ¿qué crees que debería hacer en esta situación... en la casa, en el trabajo, con mi amigo, con mi hijo, con mi madre?». «Dios, ¿en qué crees que debería centrarme en mi relación con mis hijos?». «Dios, ¿en qué área de mi matrimonio debo trabajar para crecer?». Y en última instancia, «Dios, ¿qué crees que debería hacer con el resto de mi vida?»:

Es un momento significativo cuando empezamos a pedirle consejos, dirección, inspiración y orientación a Dios. Marca un verdadero cambio en nuestra espiritualidad. Cuando dejamos de pedirle cosas, favores y que se cumpla nuestra voluntad, empezamos a abrirnos a mucho más que a Su vol-

untad. Nos abrimos a Su sabiduría. A medida que madura-
mos espiritualmente, comprendemos que querer otra cosa
que no sea la voluntad de Dios es tonto e inútil. Pero en las
primeras etapas de nuestro desarrollo espiritual, la voluntad
de Dios puede parecer pesada, restrictiva, agobiante, aunque
lo contrario sea cierto.

La otra cosa que sucede cuando le preguntamos a Dios
sobre Sus recursos y planes es que empezamos a adoptar
una curiosidad espiritual. Esta curiosidad sobre Dios y Sus
sueños puede ser increíblemente vigorizante para nosotros
y el mundo. Transforma la manera en que nos vemos a nosotros mismos, a otras personas, a la creación, a la sociedad
y, de hecho, a Dios.

Esto no significa que nunca le pidamos nada a Dios, es natural y normal que un niño le pida algo a su padre amado; significa simplemente que el enfoque de nuestra oración cambia.
Hay un tiempo y un lugar para pedirle cosas a Dios, pero así
como sería inapropiado pedirle constantemente algo a alguien
en una relación, no debería ser el foco de nuestra oración.

EL TERCER CAMBIO:
ENTRÉGATE A LA ORACIÓN

El tercer cambio sísmico que se produce en la vida interior
es cuando *dejamos* de rezar y empezamos a entregarnos a la
oración.

Entregarte a la oración significa hacerte presente y dejar que Dios haga lo que quiere hacer contigo durante ese tiempo de oración. Significa dejar de lado las expectativas y agendas de nuestro tiempo con Dios. Significa desprendernos de los sentimientos que la oración provoca en nosotros.

En Los *siete niveles de la intimidad*, introduje el concepto de despreocupación atemporal. La despreocupación atemporal es la razón por la que los jóvenes se enamoran tan fácilmente, y la falta de despreocupación atemporal es la razón por la que muchas parejas olvidan su historia juntos y se desenamoran. ¿Qué es la despreocupación atemporal? El tiempo juntos sin una agenda. Las parejas casadas con niños pequeños tienen muy poca atemporalidad despreocupada, y probablemente ninguna a menos que se propongan crearla intencionadamente.

El tercer cambio sísmico de la vida espiritual es trasladar la oración de algo que hacemos a algo a lo que nos entregamos. Este cambio requiere que nos rindamos a la experiencia y que creamos que Dios está obrando en nosotros incluso cuando parece que no estamos logrando nada. Se trata de disfrutar de una despreocupación sin tiempo con Dios.

Lo que hace que esto sea difícil es que gran parte de nuestras vidas se centra en hacer y en lograr. Esto requiere dejarnos llevar y enfocarnos en el ser. Pero una vez más, la oración nos está enseñando cómo vivir, porque el problema que muchos de nosotros tenemos en nuestras relaciones de todo tipo es la incapacidad de dejar pasar las cosas y simplemente ser.

El cambio de hacer la oración para entregarnos a la oración puede parecer sutil, pero la realidad es que es uno de los cambios internos más significativos que puede tener lugar en nuestras almas.

EL CUARTO CAMBIO:
TRANSFORMA TODO EN ORACIÓN

El hábito diario de la oración nos lleva a reconocer la presencia de Dios en todos los aspectos y momentos de nuestras vidas. No es que Él esté en nuestra presencia, sino que estamos continuamente en Su presencia. La oración no es una actividad que abarque una pequeña parte de nuestros días. Es una forma de vida. Rezar es vivir en presencia de Dios. A medida que nos comprometemos a una práctica diaria de la oración, nuestros sentidos espirituales comienzan a despertar, y somos conscientes que Dios está a nuestro lado durante el día.

Mientras más fuerte es nuestra conexión con Dios, más fácilmente reconocemos Su presencia en cada momento de cada día. Hay momentos en la vida que son tan fascinantes que incluso la persona más inconsciente espiritualmente no puede dejar de reconocer la presencia de Dios. La primera vez que un recién nacido sonríe, la mayoría de la gente se asombra y reconoce que Dios está presente. Es mucho más difícil reconocer a Dios en el dolor de un mendigo en la calle o en los ojos de alguien que no te gusta particularmente.

«Dios está con nosotros» en cada momento (Mateo 1:23). Este no es solo el mensaje de Navidad, sino el mensaje de todos los días: Dios está con nosotros, en cada momento. Cada momento es un regalo precioso, y el momento presente es allí donde Dios reside. Es el único lugar donde se le puede encontrar. Jesús dijo: «Recuerda, yo siempre estoy contigo» (Mateo 28: 20). Siempre, no a veces. Él no quisiera que lo buscáramos en el pasado o en el futuro. Dios no está a la vuelta de la esquina o en la siguiente colina; está a nuestro lado.

Dios está con nosotros cuando lavamos los platos, cuando cambiamos el pañal del bebé, cuando cortamos el césped, cuando hacemos el amor con nuestro cónyuge, cuando vamos al trabajo, cenamos con nuestra familia, cuidamos a un pariente enfermo, pagamos las facturas, trabajamos con nuestro presupuesto, hablamos con nuestros hijos y cuando le estrechamos la mano a un amigo. Siempre, en todas partes y en todo, Dios está con nosotros.

Por eso todo es oración.

Lavar los platos es una oración.

Cambiar el pañal del bebé es una oración.

Cortar el césped es una oración.

Ir al trabajo es una oración.

Cenar con la familia es una oración.

Cuidar a un pariente enfermo es una oración.

Pagar las cuentas y trabajar en tu presupuesto es una oración.

Hablar con tus hijos es una oración.

Tomarse de la mano y hacer el amor con tu cónyuge es una oración.

El cuarto cambio sísmico ocurre cuando descubrimos que toda actividad puede transformarse en oración si se la ofrecemos a Dios.

«Rezar constantemente» fue una invitación de San Pablo, y es un hermoso principio de la vida espiritual. Pero si a la mayoría de las personas no les han enseñado a rezar y a establecer un hábito de oración diaria en sus vidas, puedes estar seguro de que no les han enseñado a transformar los momentos ordinarios de sus días en oración.

Toda actividad humana honesta puede transformarse en oración.

Aprender a transformar las actividades cotidianas en oración fue una de las mayores lecciones espirituales de mi vida. Y es muy simple. Ofrece la siguiente hora de tu trabajo por un amigo que está enfermo. Ofrece la tarea que menos esperas hoy a Dios como una oración por la persona que conozcas y que esté sufriendo más hoy, y haz esa tarea con mucho amor, mejor de lo que lo has hecho nunca. Ofrece cada tarea, una a la vez, a Dios como una oración por una intención específica, y hazlo con amor. Reza por los demás a medida que pienses en ellos a lo largo del día.

Así es como podemos mantener la conversación épica, esta conversación interminable entre tú y Dios, reconociéndolo en las actividades y asuntos de nuestras vidas. La oración es la conversación de toda una vida, y toda una vida de conversación. Es continua y constante. ¿Y qué es más importante que esta conversación?

Si estuvieras almorzando con Dios, ¿te irías para atender otro asunto? Si estuvieras al teléfono con Dios, ¿quién o qué sería tan importante como para ponerlo en espera? Todo es trivial comparado con Dios, e incluso la tarea más mundana se vuelve abundantemente significativa cuando incluimos a Dios.

Mientras te adentras en los acontecimientos ajetreados de tu día, Dios te está diciendo: «¡Llévame contigo! Déjame ir contigo y hacerte compañía». Al reconocerlo a nuestro lado en cada momento, lo incluimos en todo lo que hacemos. Y cuando lo incluimos, el simple conocimiento de Su presencia nos lleva a buscar comportamientos, personas y experiencias que son buenas para nosotros y evitar aquellas que no lo son.

Guía a Dios en tu vida.

«Señor, hoy vamos a almorzar con mi amigo Anthony. Ha tenido un momento difícil en su matrimonio últimamente; por favor, anímalo».

«Señor, esta será una reunión difícil. Creo que el mejor resultado para todos los involucrados es si acordamos asociarnos en este proyecto, pero creo que su negociador principal quiere separarse para poder obtener una parte más grande del negocio para sí mismo. Por favor, abre los corazones y las mentes de todos en la mesa a lo que realmente está pasando aquí».

«Señor, ha sido un día duro, estresante en muchos sentidos, y estoy agotado. Por favor, ayúdame a entrar a mi casa con paciencia y calma, y a amar a mi esposa e hijos como si fuera la última vez que los viera».

De esta manera, toda tu vida se convierte en una oración, en una conversación épica con Dios. Esta letanía constante de oraciones por las personas en tu vida, llamando a la gracia y misericordia de Dios sobre todos los que se cruzan en tu camino, es realmente una forma de vida elevada.

Mientras más nos involucramos en esta conversación épica, más poderosa se vuelve nuestra conexión con Dios, y más nos convertimos en Sus embajadores de paz y amor en el mundo. A medida que pasa el tiempo, la gente comienza a notar algo diferente en tu presencia. Es palpable. Entonces, simplemente al encontrarnos con alguien para almorzar o tomar un café, lo llevamos en presencia de Dios, y compartimos su paz, alegría, amor y sabiduría con ellos. De esta manera, comenzamos a personificar la oración de San Francisco: «Señor, hazme un instrumento de tu paz».

El hábito diario de la oración eleva nuestra conciencia para reconocer a Dios presente y obrando en nuestras vidas. El tiempo que dedicamos cada día a la oración trae claridad a nuestras vidas y a nuestras elecciones. Nos libera de las expectativas que otras personas y el mundo en general tienen en nosotros. También nos libera de las expectativas que establecemos para nosotros mismos.

Este hábito diario de la oración nos enseña a reconocer la presencia de Dios a lo largo del día y a transformar cada parte de nuestro día en oración. Esta es una hermosa manera de vivir. ¿Hay belleza en la forma en que estás viviendo tu vida? Esta es una forma sencilla de infundirle belleza a tu vida. Comienza hoy.

EL QUINTO CAMBIO:
HAZTE DISPONIBLE

¿Deseas conocer el secreto de la felicidad suprema? Expone todo lo que haya en tu corazón y deja a un lado todo aquello en tu vida que te hace menos disponible para Dios. La alegría que experimentamos es proporcional a qué tan disponibles nos hacemos para Dios.

El quinto cambio consiste en hacernos cien por ciento disponibles para Dios.

Hace muchos años, recorrí el antiguo Camino de Santiago de Compostela. Al prepararme, había estudiado la ruta e investigado qué llevar conmigo. En las guías se insistía en que no debía llevar más de veinte libras de provisiones en la mochila. Al principio, pensé que esto era imposible. ¿Cómo iba a sobrevivir durante casi un mes con tan poco? Llené esa mochila hasta que estuvo repleta de cosas.

Al final del primer día, dejé un par de cosas en el albergue para otro peregrino que las necesitara. Lo mismo ocurrió durante los siguientes días hasta que, al sexto día, había reducido lo que pensaba que iba a necesitar a lo que realmente necesitaba. Pero a medida que el viaje avanzaba, descubrí que cada vez necesitaba menos. Cuando llegué a Santiago, mi mochila estaba floja y más que medio vacía.

Necesitamos muy poco. Necesitamos mucho menos de lo que creemos. Esta fue una de las grandes lecciones de esa peregrinación, y desafortunadamente una lección que he tenido que aprender muchas veces antes y después. Necesitamos muy poco, pero nos agobiamos con tanto. Y cada cosa innecesaria con la que nos cargamos crea un obstáculo entre nosotros y Dios. Cada cosa pequeña, por pequeña e intrascendente que sea, nos hace menos disponibles para Dios. También es una lección que no necesitas viajar al otro lado del mundo para aprender.

Cuando regresé a casa, empecé a deshacerme sistemáticamente de muchas cosas. Envié artículos a organizaciones benéficas que sirven a los pobres, regalé cosas a personas que las necesitaban más que yo, los vecinos vinieron a pedir prestado algo y les dije que lo guardaran porque ya no lo necesitaba. Mientras más cosas había desechado, mejor me sentía. Me sentí más ligero y libre.

El tiempo pasó y volví al modo de caza y recolección. Las cosas comenzaron a acumularse una vez más. Entré en ese modo de vida inconsciente, ese estado en el que no hacemos las cosas intencionalmente, sino que el impulso de la cultura y la gravedad de la vida se apoderan de nosotros. Antes de darme cuenta, tenía más cosas innecesarias que nunca. La diferencia era que esta vez había elaborado justificaciones sofisticadas de por qué tenía que tener estas cosas. Pero era obvio que me engañaba a mí mismo, y luego comenzaría otra purga.

Me gustaría decir que he aprendido esta lección de una vez por todas, pero a menudo necesitamos aprender las lecciones más de una vez. En el viaje espiritual a menudo tomamos viejos desvíos familiares. Llenamos nuestras vidas con cosas, posesiones materiales, compromisos sociales, un apego desproporcionado a nuestro trabajo, un pasatiempo obsesivo... podrían ser muchas cosas. Tú sabes lo que son para ti, yo sé lo que son para mí, y lo cierto es que ocupan espacio en nuestras mentes. Nublan nuestro corazón y nuestro juicio, lo que nos impide tomar decisiones importantes. Crean obstáculos entre nosotros y Dios. Impiden que nos pongamos a disposición de Dios, y por lo tanto, nos impiden experimentar el éxtasis de vaciarnos y permitir que Dios nos llene.

Vacíate para que Dios pueda llenarte. Nunca te arrepentirás de haberlo hecho. He experimentado el vacío del egoísmo, y he experimentado el éxtasis de vaciarme para que Dios pueda llenarme. Lo primero es como tomar agua salada para saciar tu sed; lo segundo es como tomar profundamente el agua más pura que jamás hayas probado. Por primera vez en mi vida, me sentí verdaderamente satisfecho. Anhelo que experimentes esa misma satisfacción.

Elimina todo aquello que te haga menos disponible para Dios. Este proceso de despojarse de todo lo demás es una de las experiencias que nos definen al adentrarnos profundamente en la vida interior. La oración consiste, en última instancia, en estar disponibles para Dios. Así es la vida.

A través de la oración, nuestra conciencia espiritual se afina constantemente, y mientras más se afina, más nos damos cuenta de que son muy pocas las cosas que realmente importan. El desafío, entonces, consiste en centrarte en las cosas que realmente importan. ¿Está enfocada tu vida en las cosas que más importan? Me avergüenza decir que me hago esta pregunta con mucha frecuencia y la respuesta es no.

Haz espacio en tu vida para Dios: es una parte esencial de este gran viaje espiritual en el que nos estamos embarcando. Sacamos a Dios de nuestras vidas al llenarlas con cosas que no son importantes. Elimina esas cosas con el fin de hacer espacio para Dios en tu vida, en tu corazón, mente y alma. Él ocupará cualquier espacio que pongas a Su disposición. Cualquier espacio que hagas disponible para Dios, Él lo llenará con cosas inimaginablemente buenas.

Elimina todo aquello que te haga menos disponible para Dios, hazte más disponible para Él hoy que ayer, y más pronto que tarde, llegarás al quinto cambio sísmico. El núcleo de este cambio sísmico en nuestra espiritualidad es estar disponibles para Dios.

El quinto cambio sísmico en la vida espiritual es la disponibilidad. Se trata de entregarnos a nosotros mismos, de entregarle nuestro plan y nuestras vidas a Dios. Es por medio de esta entrega que nuestra transformación final tiene lugar. Es a través de esta entrega que nos hacemos cien por ciento disponibles para Dios, permitiéndole transformarnos a nosotros y a nuestras vidas en todo lo que Él imaginó para nosotros desde el principio de los tiempos.

¿Qué tan disponible estás para Dios? ¿Estás listo para rendirte y estar completamente disponible para Él?

Lo sabrás cuando estés listo, y tan pronto lo estés, mi consejo es: no te demores. No digas que lo harás mañana. No digas que no estás listo. Pero sospecho que el simple hecho de leer este libro y de reflexionar sobre estas ideas ha preparado tu corazón, tu mente y tu alma.

Dios siempre transforma a hombres y mujeres en la medida en que nos ponemos a Su disposición. Durante muchos años, he animado a la gente a ponerse a disposición de Dios, a entregarse a Él y permitirle que los transforme a ellos y a sus vidas. Esta es una oración que escribí para ayudar a la gente a abrazar el momento inicial de la entrega. La digo con frecuencia, porque veo que me ayuda a renovar esa rendición.

Recemos juntos:

Señor:
Estoy aquí.
Confío en que tienes un plan increíble para mí.
Hoy entrego todo mi ser a Tu cuidado.
Entrego mi vida, mis planes y mi mismo ser a Ti.
Hoy me pongo a Tu disposición al cien por ciento.
Transfórmame. Transforma mi vida.
Todo está sobre la mesa.

Toma lo que quieras tomar y dame lo que quieras dar.

Transfórmame en la persona que me creaste para ser, para poder vivir la vida que imaginaste para mí al principio de los tiempos.

No me estoy guardando nada.

Estoy disponible al cien por ciento.

Guíame, desafíame, anímame y abre mis ojos a todas tus posibilidades increíbles.

Muéstrame qué quieres que haga, y lo haré.

Amén.

El secreto de la felicidad suprema es despojarte de todo lo que hay en tu corazón, dejar de lado todo aquello en la vida que te hace menos disponible para Dios, y luego entregarte a Sus planes y cuidados amorosos.

EL SEXTO CAMBIO: ¡SIGUE HACIÉNDOTE PRESENTE!

La sabiduría más práctica que he recibido sobre la oración provino de un viejo sacerdote hace muchos años, cuando empecé a tomar en serio mi viaje espiritual. La emoción inicial había desaparecido y estaba experimentando los primeros signos de desolación y aridez en la oración. Nuestra reacción natural y muy humana es preguntarnos qué hacemos mal cuando la oración no «se siente bien». A menudo no hacemos nada malo, y la oración nunca debe ser juzgada por cómo nos hace sentir. La oración no consiste en los sentimientos.

«Sigue haciéndote presente», me dijo el viejo sacerdote. Cuando le pregunté a qué se refería, me respondió: «Hablo claramente. No hay significados ocultos, muchacho. Simplemente sigue haciéndote presente. Hazlo cada día sin importar cómo te sientas o si es conveniente. Simplemente hazte presente y deja que Dios obre en ti».

Este es el sexto cambio sísmico. Ocurre cuando presentarnos a nuestra oración diaria ya no es una decisión diaria. Se convierte en un compromiso, en una decisión de hacerme presente importar lo demás, y de estar ese momento con Dios cada día.

El único fallo en la oración es dejar de rezar. Pensarás y sentirás cosas, y muchas de ellas no significan lo que inicialmente crees que significan. Así que sigue haciéndote presente y acata aquello que Dios te diga y revele. Con el tiempo, verás que algunas cosas permanecen y otras desaparecen. Y eso está bien. Simplemente sigue haciéndote presente.

Algunos días la oración parecerá fácil, y parecerá difícil en otros. Pero esto nunca es una buena indicación de lo fructífera que es la oración. Intenta no juzgar tu oración. Es una tontería decir: «Hoy he rezado bien». Se necesitan al menos diez años para determinar si rezaste bien. Sigue haciéndote presente.

Si Dios te da la gracia de animarte e inspirarte, fabuloso.

Acéptala, abrázala, dale un buen uso, y no la desperdicies. Pero si algunos días te alejas de la oración desanimado, recuerda que Jesús murió en la cruz, y que esa fue una victoria inmensa. Aun así, no lo veas como una invitación a una vida de desdicha que trazas para ti al crear cruces que Dios nunca quiso que llevaras. La vida te traerá suficiente sufrimiento y desafíos sin que busques más. De nuevo, sigue haciéndote presente y Dios te enseñará todas estas cosas y muchas otras.

Para mí, aunque ha habido momentos en los que me ha parecido que la oración no requiere esfuerzo, no es fácil en su mayor parte. Hay días en los que tengo más entusiasmo por ella que otros. Y hay días en los que es difícil. Es necesario que me obligue a hacerla. Y por supuesto, hay días en los que es maravillosa y dichosa. Todo depende de lo que haga Dios.

A lo largo del camino habrá senderos largos y polvorientos, experiencias épicas en la cima de las montañas, momentos de miedo y temblor en los valles oscuros, mañanas hermosas llenas de esperanza, y noches largas y oscuras que huelen a desesperanza. A lo largo de nuestro viaje necesitaremos un caudal constante de conocimientos prácticos para ayudarnos a dar el siguiente paso, pero ninguno nos servirá mejor que la simple sabiduría de ese viejo sacerdote: «¡Sigue haciéndote presente!».

Pase lo que pase, sigue haciéndote presente. Veo que el hecho de recordarnos esto nos ayuda; no se trata de lo que hagamos. Se trata de lo que Dios hace en nosotros, a través de nosotros y con nosotros, cuando estamos presentes.

SEIS DESPERTARES QUE CAMBIAN LA VIDA

Es importante recordar que Dios hace todo el trabajo pesado en la vida espiritual. Estas son cosas que Dios hace en nosotros. Todo lo que nos pide es que nos abramos a Él y cooperemos. Si empezamos a sentirnos abrumados espiritualmente, es muy probable que hayamos confundido nuestro papel con el de Dios.

Estos seis momentos significativos son indicadores a lo largo del camino en tu viaje sagrado. Pero tu viaje será tan único y diferente como un atardecer. No hay dos que sean iguales. Hay cosas en ellos que los hacen a todos hermosos y similares, y aun así son asombrosamente únicos.

Habrá otras lecciones significativas, cambios y momentos en tu viaje. Estos no son los únicos seis. Pero son seis que todos experimentamos cuando nos tomamos en serio el viaje del alma.

Primero: Comienza la conversación
Segundo: Pregúntale a Dios qué quiere
Tercero: Entrégate a la oración
Cuarto: Transforma todo en oración
Quinto: Ponte a disposición
Sexto: ¡Sigue haciéndote presente!

No hay reglas que digan que debes tener cierta edad para poder abrazar estas grandes lecciones espirituales. No hay condiciones o requisitos mundanos. No hay nada que te impida empezar a practicar hoy mismo cada una de estas épicas lecciones espirituales. No necesitas un título avanzado en teología, filosofía o espiritualidad para abrazarlas. Todo lo que necesitas es responder al deseo que el Espíritu Santo está despertando en tu alma en este momento.

Ten en cuenta a lo largo del camino que la vida espiritual no es una línea recta. No es una lista de verificación de elementos para trabajar. No todas las personas los encuentran en el mismo orden. Habrá pasos adelante y pasos atrás. Aprende de los pasos hacia atrás. También es fácil retroceder después de hablar con Dios en la oración y simplemente pensar en las cosas. Es parte del viaje. Es fácil pasar de preguntarle a Dios qué es lo que Él quiere a decirle lo que tú quieres. Es parte del viaje. Es fácil dejar de entregarnos a la oración a hacerla mecánicamente. Y habrá días en los que te retractarás de todo aquello que le has entregado a Dios. Todo eso es parte del viaje.

En la vida espiritual, el terreno que se gana hoy puede perderse fácilmente mañana. Por esta razón, es esencial que vigilemos nuestros corazones y estemos siempre atentos a la gente y a las cosas que buscan alejarnos de lo que más importa. ¿Cómo? Coloca el hábito diario de la oración en el centro de tu vida. Haz que sea un compromiso diario sagrado y no negociable.

NOTA PARA EL ALMA:

Alma,
A medida que tropiezas y te precipitas hacia el éxtasis, aprende
a escuchar la voz de Aquel que te creó. Él te habla suavemente
a lo largo del día, y se deleita en los momentos cuando te
sientas con Él en soledad.

QUINTA PARTE

El Dios Que Nos Dio la Risa

CADA DÍA HAY MUCHAS oportunidades de echar un vistazo al genio de Dios. Una de mis favoritas es la risa. El genio detrás del humor y la risa es Dios. La risa es esencial para la experiencia humana, y el humor ha estado presente en todas las culturas, lugares y épocas. ¿Puedes imaginarte la vida sin la risa?

¿TIENE DIOS SENTIDO DEL HUMOR?

El genio de Dios es evidente en la risa. La risa es la medicina para el cuerpo, la mente y el alma. Sus beneficios son infinitos. La medicina moderna ha descubierto que la risa fortalece el sistema inmunológico, mejora el humor y disminuye el dolor. La risa es una forma poderosa de aliviar el estrés. Quema calorías, alivia la ansiedad, reduce el estrés y es un antidepresivo natural. Una buena risa relaja el cuerpo, alivia la tensión y deja los músculos relajados por cuarenta y cinco minutos. La risa estimula el corazón y aumenta el número de endorfinas liberadas por el cerebro, lo que crea una sensación general de bienestar. Cuando te ríes, la cantidad de aire rico en oxígeno que llega a tus pulmones aumenta. La risa reduce la presión sanguínea, aumenta el flujo de sangre y puede ayudarte a proteger de un ataque al corazón. Aumenta la felicidad, reduce la ira y otras emociones negativas, y fortalece la resistencia ante los obstáculos y los acontecimientos desagradables. La risa aumenta nuestra energía y entusiasmo por la vida. Las personas que se ríen con frecuencia son más alegres y tienen corazones más sanos. El humor mejora la satisfacción personal, fortalece las relaciones, ayuda a desactivar los conflictos, cambia nuestra perspectiva y atrae a otras personas hacia nosotros. La risa nos conecta con los demás, hace que nuestras cargas parezcan más ligeras y puede reducir la ira y el conflicto. Crea un sentido de pertenencia y une a las personas. Aumenta el trabajo en equipo y mejora la productividad. La risa y el humor crean confianza, fomentan la colaboración, aumentan la simpatía, animan a la gente a escuchar, mejoran la memoria y la retención, hacen que los argumentos sean más persuasivos y aumentan el aprendizaje al reducir la ansiedad en el salón de clases. La risa libera serotonina, lo cual mejora la concentración, la toma de decisiones, la resolución de problemas, la objetividad, la apertura a nuevas ideas y la capacidad cerebral en general.

Se necesitaron algunos científicos muy inteligentes para descubrir todo esto, pero Dios es el genio que está sano y salvo en medio de la risa.

Todo esto puede hacer que nos preguntemos: ¿tiene Dios sentido del humor?

El humor es esencial para la experiencia humana. Muchos de los momentos más memorables y significativos de la vida son humorísticos. Pero ¿dónde está el humor en nuestra experiencia de Dios, la religión y la espiritualidad?

Si leemos la vida y las enseñanzas de Jesús tal y como aparecen en los cuatro Evangelios, hay pocas pruebas que sugieran que Él tenía sentido del humor. ¿Crees que Jesús *no* tenía sentido del humor? Yo pienso que Él tenía un maravilloso sentido del humor. Lo imagino recorriendo los caminos polvorientos de Galilea con sus discípulos. Trece tipos pasando todo ese tiempo juntos. Seguramente tuvieron lugar varios momentos épicos de humor. ¿No te encantaría escuchar a Jesús reír? ¿No te gustaría saber qué lo hacía reír y cómo hacía reír a los demás?

Por alguna razón, nadie pensó que era lo suficientemente importante como para registrarlo, y desde entonces hemos cometido el mismo error al excluir el humor y la risa de nuestra relación con Dios. Así como el humor es esencial para la experiencia humana, tal vez también es esencial para nuestra experiencia espiritual.

Hay un viejo chiste sobre hacer reír a Dios. Se repite con frecuencia y rara vez se cuestiona, pero ahora lo cuestionaremos juntos. «Si quieres oír reír a Dios», dice el chiste, «cuéntale tus planes». Si piensas en ello, esta teoría es trágicamente defectuosa. ¿Qué clase de padre se reiría de sus hijos cuando le cuentan sus planes? En el chiste, Dios se ríe de nosotros... ¿o se ríe de nuestros planes, de nuestra inocencia, de nuestra ignorancia, o de nuestra arrogancia? ¿Qué clase de Dios se reiría de sus hijos en cualquiera de estas formas? No el Dios en el que yo creo.

Soy un padre, quebrantado e imperfecto, pero no puedo imaginar reírme de los planes de mis hijos. Las Escrituras nos dicen que Dios se deleita en sus hijos. Y Dios me ha enseñado a deleitarme escuchando lo que ocurre en las mentes y en los corazones de mis hijos. Me siento fascinado cuando me honran compartiendo sus esperanzas y pensamientos. ¿Cuánto más se deleita Dios, en su infinita bondad, cuando le abrimos nuestras mentes y corazones? Por lo tanto, me es imposible conjurar una imagen de un Dios que se ríe de Sus hijos o de Sus planes, por muy equivocados que sean a veces. Pero es igualmente imposible para mí hacerme una imagen de un Dios sin sentido del humor. ¿No se ríe el Dios que nos dio la risa? ¿El Dios que nos dio la risa no tiene sentido del humor? Anhelo conocer más y más al Dios que nos dio la risa.

ESCUCHÉ A DIOS REÍR

Mientras más conocemos a Dios, más queremos conocerlo. Después de que me enseñaron a rezar, desarrollé un insaciable deseo de pasar tiempo en oración.

En la última mitad de mi adolescencia, mi vida cambió inesperadamente, radicalmente y para siempre. Ahora tengo claro que si no me hubieran enseñado a rezar, nada de lo que se desarrolló entonces habría sido posible. En cierto sentido, el día que John me enseñó a rezar, decenas de millones de vidas fueron tocadas. Todas las personas que alguna vez leerían mis libros o vendrían a escucharme hablar fueron los beneficiarios de su elección valiente y audaz de ese día.

Nunca subestimes el impacto que pueden tener algunas de las pequeñas cosas que Dios te llama a hacer.

El hecho de que me enseñaran a rezar fue una gracia singular más allá de toda medida, y por ello siempre he sentido una gran pasión en compartir ese regalo a mi propia manera imperfecta con tantas personas como sea posible.

Tal como ilustré anteriormente en este libro, comencé pasando diez minutos cada día en oración. Eso cambió mi vida. Y me llenó de un deseo de rezar más. Entraba a la iglesia y me sentaba atrás, y el tiempo que pasaba con Dios tenía algo que me llenaba de paz. En poco tiempo, diez minutos se convirtieron en treinta, y luego en una hora. Tenía hambre de crecer espiritualmente. Eventualmente, comencé a experimentar una atemporalidad en la oración. Permanecía en esa iglesia vacía durante horas, tres, cuatro, cinco a la vez. El sacerdote se cansó de esperar a que yo me fuera para poder cerrar la iglesia, así que me dio una llave y me dijo que cerrara al terminar. «¿Dónde has estado?», me preguntaba mi madre cuando llegaba tarde a cenar, pues había perdido la noción del tiempo.

Durante casi tres años, todo lo que hice fue ir a la escuela, trabajar, hacer deporte y rezar. Pasé miles de horas en esa iglesia y en otras de Sídney en esos tres años. Fue en esa época de mi vida que Dios me educó en el silencio y la quietud. Fue uno de los momentos más felices de mi vida. No lo sabía en ese momento, pero fue un verdadero aprendizaje. Dios me estaba preparando para una misión, pero ¿cómo podía saberlo yo?

No hablo de esto con mucha frecuencia, porque no me gustaría que nadie leyera y pensara que se requieren miles de horas de oración. Así es como Dios eligió prepararme para lo que me estaba llamando. Él puede lograr más cosas contigo en diez minutos de lo que pudo conmigo en tres horas. Y de lo que estoy seguro es que te conducirá a cualquier experiencia de oración que necesites con el fin de cumplir Su misión para ti. Al mismo tiempo, creo que sería poco sincero no compartir que esto fue parte del viaje que me condujo al ministerio al que Dios me estaba llamando.

«Ríndanse y reconozcan que yo soy Dios», nos aconsejan las Escrituras (Salmo 46:11). Creo en ello. Ríndete y permanece en silencio por mucho tiempo, y Dios se te revelará de maneras que nunca soñaste. Aprende a rendirte, aprende a estar en silencio, y Dios te tocará de una manera profunda. Permanece con Dios el tiempo suficiente y sucederán cosas asombrosas.

Experimenté muchas cosas maravillosas durante esas horas eternas de renuncia y de silencio con Dios. Fue allí, en lo profundo del silencio, donde escuché por primera vez a Dios reír.

Recuerdo el momento. No es el tipo de cosas que se olvidan. Era temprano en la noche y estaba solo en la iglesia de mi infancia. Era un martes. Había parado de camino a casa desde la universidad y había estado varias horas allí, aunque no me di cuenta en ese momento. En aquel entonces, el tiempo pareció detenerse cuando entré a esa vieja iglesia. Había una despreocupación sin tiempo en todo esto.

Nunca le había mencionado esto a nadie, considerando todas las preguntas que probablemente tengas ahora en tu mente. ¿Cómo era? ¿Cómo sonaba? ¿A qué te refieres cuando dices que escuchaste a Dios reír? ¿Lo escuchaste en tu corazón o en tu mente, o escuchaste una risa clara y audible en voz alta?

¿Cómo suena la risa de Dios? Suena como la sonrisa de un recién nacido; suena como un ave volando en lo alto del cielo; suena como la anticipación de un primer beso; suena como un nuevo comienzo, como la brisa de la mañana; suena como el amor del padre más asombroso que puedas imaginar; suena como un trago largo de agua fría después de un día de sol abrasador; suena como la playa y las montañas;

suena como el rugido de un león, y la suave caricia de una madre mientras su hijo descansa. Cuando Dios ríe, todos tus sentidos se vuelven uno y todo tu ser irradia alegría desde las profundidades de tu alma.

Es imposible de describir, y al igual que tú y yo, Dios tiene muchas risas, cada una perfectamente adecuada para cada situación. Pero podemos estar seguros de que el Dios que nos creó para que tuviéramos un maravilloso sentido del humor también tiene un maravilloso sentido del humor y le encanta reír.

¿Cómo te cambia el hecho de oír la risa de Dios? Trae una asombrosa claridad a tu vida sobre lo que importa y lo que no. Te llena de un deseo de amar a Dios más que a nada en esta tierra, y de lograr esto amando a tu prójimo más de lo que se ama a sí mismo.

La razón por la que me lo he guardado todos estos años es porque temía estas preguntas, y sabía que cada pregunta se desgastaría con la experiencia, disminuyéndola de alguna manera. Te lo digo ahora porque quiero que tengas tu propia experiencia. No puedo prometerte que escucharás a Dios reír, porque no hay nada que ninguno de nosotros pueda hacer para que eso suceda. Pero puedo llevarte allí donde sucede. Puedo mostrarte cómo esperar con paciencia y prepararte para que te encuentres con Dios de formas nuevas y maravillosas. No porque yo sea diferente o especial, sino porque, por alguna razón, hace todos esos años, Él decidió llevarme a ese lugar.

A menudo me pregunto dónde estaría hoy si alguien no me hubiera enseñado a rezar. Siento escalofríos en la espalda cuando pienso en ello. Me asusta. Recuerdo los días de mi adolescencia pasando todas esas horas con Dios en la iglesia. Fue un momento increíble de mi vida. Hoy en día, no puedo pasar ese tiempo en oración. Más bien, no estoy llamado a pasar tanto tiempo en oración, y puede que tú nunca seas llamado a hacerlo. Es por eso que he hablado tan poco acerca de ello en los últimos treinta años. Fue una época de mi vida, una época con una razón. Tal vez tenga otra temporada como esa más adelante en mi vida. No lo sé, aunque lo anhelo.

Estar dispuesto a ir a los lugares profundos no consiste en la cantidad de tiempo que pasamos apartados de la actividad diaria y en oración. Ir a los lugares profundos con Dios es confiar en Él, ponernos a Su disposición, comprometernos con el hábito de la oración diaria y ser conscientes de Su presencia en cada momento del día. Dios quiere reír y llorar contigo, escucharte y hablarte.

Pídele a Dios que te conduzca con mayor profundidad a los misterios de la vida espiritual. Es una petición que no rechazará, y las maravillas que Él te revelará te dejarán atónito y cambiarán tu vida para siempre.

LAS AGUAS PROFUNDAS

El mundo te brindará un suministro interminable de opciones superficiales para cada aspecto de tu vida, pero ninguna de ellas satisfará tu alma. La cultura prefiere mantener a la gente irreflexiva, inconsciente, ignorante y no disponible para Dios, porque la gente es fácilmente manipulable cuando se encuentra en este estado.

La vida espiritual es una invitación constante a ir más allá de las ofrendas superficiales de este mundo y buscar los lugares profundos. Es en estas aguas profundas donde nos esperan las experiencias espirituales más maravillosas.

Hay algunos momentos fabulosos en la vida de Jesús cuando orienta a la gente a hacer cosas que parecen contrarias a la intuición. Uno de mis favoritos es cuando instruye a algunos de los discípulos a lanzar sus redes a las aguas profundas, prometiendo una gran pesca. Pedro señala: «Hemos trabajado la noche entera y no hemos sacado nada» (Lucas 5:4-5).

Cuando leemos las Escrituras, es importante no pasar por alto los momentos hermosos de la humanidad. Pedro y sus amigos eran pescadores profesionales. Habían salido a pescar toda la noche. Habían «trabajado la noche entera». Así que esencialmente, Pedro le está diciendo a Jesús: «Si hubiera peces, habríamos pescado algunos». Pero lo que Jesús le estaba diciendo no tenía nada que ver con los peces o la pesca. Él les preguntó realmente: «¿Confían en mí?». Ellos confiaban en él. Así que soltaron sus redes en las aguas profundas y capturaron tantos peces que sus redes comenzaron a romperse, sus botes comenzaron a hundirse por el peso de la captura, y tuvieron que llamar a sus amigos de los botes cercanos para que les ayudaran a transportar el enorme número de peces.

Dios introduce un elemento en cada situación que es a la

vez predecible e impredecible. Es predecible en el sentido de
que seguramente mejorará cualquier situación. Es impredecible en el sentido de que no sabemos cómo o hasta qué
punto pretende Él mejorar las cosas.

Cada uno de nosotros quiere una gran captura como la que
tuvieron los discípulos ese día. Cuanto más viejo me hago,
menos cosas sé con certeza, pero estoy seguro de esto: todos
anhelamos ese tipo de pesca en algún aspecto de nuestras vidas.
Tu necesidad y anhelo pueden ser diferentes a los míos. Puede
que anheles una gran pesca en tu matrimonio. Puede que anheles una gran pesca en el área de la salud, las finanzas personales
o tu vida profesional. Puede que anheles un bebé, superar una
adicción, o pertenecer a una comunidad más dinámica. Sea lo
que sea, todos tenemos un anhelo que está por encima de todos
los demás, que es para siempre, que a menudo parece imposible
de alcanzar, a pesar de todos nuestros esfuerzos humanos, que
parece requerir algún tipo de intervención divina.

Cada uno de nosotros quiere una gran captura como la que
obtuvieron aquellos pescadores. Pero a menudo pasamos por
alto las verdades más simples y vitales. No se consigue una
captura como esa en aguas poco profundas. Si quieres esa
clase de captura, tienes que salir al agua profunda y soltar las
redes. Por eso en la vida espiritual estamos continuamente
invitados a ir a lugares más profundos, incluso cuando el
mundo parece atraernos a experiencias cada vez más superficiales en la vida y con los demás.

Es en los lugares profundos donde finalmente somos capaces de contemplar la vida, a nosotros mismos y a Dios, y los tres son dignos de ser contemplados. Contemplar es reflexionar sobre algo con profundidad y con detenimiento. Pasar tiempo en los lugares profundos con Dios nos permite enfocar nuestros corazones, mentes y almas en las cosas que más importan. Aquello que pensamos, reflexionamos y contemplamos tiene un impacto enorme en los acontecimientos de nuestras vidas y en el estado de nuestras almas. Pablo nos aconseja: «Todo lo que es verdadero y noble, todo lo que es justo y puro, todo lo que es amable y digno de honra, todo lo que haya de virtuoso y merecedor de alabanza, debe ser el objeto de sus pensamientos» (Filipenses 4:8). Apresurarse aquí y allá, en el curso de nuestros días ocupados, no nos da tiempo para reflexionar sobre estas cosas superiores. La mayoría de los mensajes que el mundo comparte con nosotros nos alejan de estas cosas superiores. Por estas y otras muchas razones que hemos discutido, Dios nos llama a pasar una parte de nuestro día con Él contemplando las cosas más elevadas.

No tengas miedo de las aguas profundas de la vida espiritual. Es allí donde te esperan las experiencias más sorprendentes.

EL DELEITE DE DIOS

Los niños desean deleitar a sus padres. Desde una edad muy temprana, los niños están increíblemente atentos a aquello que les produce placer a sus padres. Por lo tanto, es muy importante que los padres elijan cuidadosamente aquello con lo que se permiten deleitarse en sus hijos. ¿Nos deleitaremos con el aspecto de nuestros hijos, con sus logros, o simplemente con lo que son? Esta es una de las formas más poderosas en que los padres enseñan a sus hijos lo que más importa, y al hacerlo los ponen en el camino correcto o en el equivocado.

Dios se deleita con una cosa por encima de todo, y Su deleite nos enseña algunas lecciones muy poderosas. Mi hija Isabel se paseó melancólicamente por mi estudio el otro día. Apareció y se puso cómoda en el sofá de una manera muy espontánea, doblando los pies debajo de ella, y sentí que quería habla conmigo. Estas son las cosas con las que te sintonizas como padre, supongo.

Dejé a un lado mi trabajo y me instalé en mi lugar junto a ella en el sofá.

—¿Cómo estás, preciosa? —le pregunté.

—Bien—dijo ella con su tono siempre boyante y su sonrisa optimista.

Isabel tiene ocho años, pero su corazón, mente y alma tienen las complejidades de una mujer. Veo su mente funcionando; noto que la más mínima alegría y tristeza cruzan su rostro y se instalan en su corazón, y puedo ver cómo crecen en su alma, abrazando su verdadera esencia y evitando la tentación de ser menos de lo que fue creada para ser. Estos son privilegios y maravillas que desafían toda descripción.

Sentado en el sofá, le hice un par de preguntas más: «Cómo estuvo la escuela? ¿Qué fue lo mejor que te pasó hoy? ¿Tienes algún problema que quieras hablar con papá? ¿Alguna pregunta que quieras hacerme?». Poco a poco, como una flor despuntando, comenzó a abrirse y a hablar. Sabía que había venido a hablar de algo, pero sentí que dudaba.

La conversación menguó y fluyó antes de establecerse en aquello que había venido a hablar. No compartiré los detalles de esa conversación, pero es una belleza ver a tus hijos preocuparse por las cosas buenas y nobles.

Habló durante unos minutos y la escuché. Mi niña hermosa solo necesitaba un poco de tranquilidad. Mientras hablaba, pude ver que sabía lo que necesitaba hacer. «¿Qué te dice tu corazón, preciosa?», le pregunté.

Ella lo sabía, y le aseguré que así era. Pude ver que un peso comenzaba a levantarse de sus pequeños hombros. Comenzó a llevar la conversación en una nueva dirección con serenidad.

«¿Cómo te ha ido hoy, papá?» Le conté lo que había hecho, destacando un par de cosas maravillosas que habían sucedido y señalé un par de decisiones difíciles que tuve que tomar. Desearía que todos en mi vida me escucharan con tanta atención. Sabía que en los próximos días me preguntaría cómo se habían desarrollado algunas de estas situaciones: tal era su atención.

La conversación llegó entonces a una pausa natural. Enderezó sus piernas, se acercó a mí, me rodeó con sus brazos cada vez más largos alrededor de mi cuello y me abrazó durante mucho tiempo, abrazándome como un koala envuelve sus brazos alrededor de un eucalipto y apoya su cabeza en el tronco del árbol. Me senté allí pensando que era el hombre más afortunado del mundo. Levantando su cabeza de mi pecho, me besó, y desapareció tan rápida y silenciosamente como había aparecido.

No me moví. Simplemente permanecí en silencio, dejando que el momento surtiera efecto. Mi alegría se desbordó, y susurré una oración de gratitud, y luego una oración de esperanza. Estaba agradecido de que se sintiera cómoda al venir a hablarme, y esperaba que siempre se sintiera cómoda al hacerlo.

Entonces mi mente divagó simultáneamente en dos direcciones. Dos ideas. La primera era de la canción de Eliot Morris «En cualquier lugar contigo». La letra la que llamó mi atención fue: «Sabes que es verdad. La perfección está en cualquier lugar contigo». La segunda dirección que tomó mi mente fue hacia la Biblia. En el capítulo ocho de Proverbios, el Rey Salomón escribió sobre la creación y la sabiduría, y cómo Dios se deleita en estar simplemente con sus hijos e hijas.

¿Qué es lo único en lo que Dios se deleita por encima de todo? Simplemente en estar contigo. El deleite de Dios es estar con Sus hijos e hijas.

En cualquier relación maravillosa hay un tiempo para hablar de las cosas ordinarias que ocupan nuestros días, un tiempo para hablar de asuntos más serios, decisiones a tomar y asuntos que pesan en nuestros corazones, y un tiempo simplemente para estar juntos. Esta unión sin palabras ocurre en la cima de la intimidad. Ya no hay necesidad de ego o persona, no hay necesidad de explicarnos, y no hay necesidad de entender o ser entendido. Todo eso se deja de lado mientras nos sumergimos en una gran piscina de aceptación.

Dios se deleita en ti. Se deleita en solo estar contigo. Cuando lo invitamos a nuestras vidas, baila de alegría. Es útil tener herramientas y técnicas para comenzar nuestro viaje de oración, pero en última instancia, no tenemos necesidad de métodos artificiales y sistemas complejos. Somos Sus hijos. Simplemente habla y está con Él. Dios es tu Padre y te ama.

LA OCUPACIÓN NO ES TU AMIGA

De vez en cuando es bueno preguntarnos: «¿Mi vida funciona?». Es una pregunta que me he hecho muchas veces a lo largo de mi vida, y en más de una ocasión la respuesta ha sido no. Pero nunca me he arrepentido de haberme tropezado con la pregunta y haber encontrado el valor para explorarla.

Cada vez que me han dado un empujón y me he dado cuenta de que mi vida no funcionaba, estar demasiado ocupado ha sido una parte del problema. Estar ocupado no es nuestro amigo. Nos hace sentir abrumados, cansados e inadecuados. Si una persona estuviera ocupada, ¿pasarías todo el día con ella hoy, y luego todo el día de mañana? La ocupación no es tu amiga. Esta es una lección que he tenido que aprender demasiadas veces en mi vida. Caigo en la trampa habitual de programar y comprometerme demasiado, y suele suceder cuando descuido mi hábito diario de rezar. Nos enseñan a juzgar un árbol por sus frutos, y los frutos de la ocupación no son buenos. La ocupación nos hace sentir abrumados, cansados, exhaustos, agotados, desanimados, ansiosos y estresados. ¿Cuál de estos frutos quieres en tu vida?

Estar abrumado es uno de los sentimientos más comunes que experimentan actualmente las personas. Cuando les preguntan: «¿Qué palabra usarías para describir cómo te sientes a diario?», muchísimas personas dicen sentirse abrumadas.

¿Con qué frecuencia te sientes abrumado? ¿Sientes que hay algo más por hacer que las horas que tiene el día? ¿Te sientes abrumado con asuntos realmente importantes o con cosas que son superficiales e insignificantes? Sentirse abrumado es una de las emociones más comunes en la sociedad actual. Cuando nos preocupamos por cosas que no creemos que sean las más importantes de la vida, nos sentimos amargados. Así que no es solo que estemos ocupados, sino que estamos ocupados con las cosas equivocadas. Cuando estamos ocupados con las cosas correctas, es menos probable que nos sintamos abrumados, y podemos vivir eso durante un tiempo breve sabiendo que estamos haciendo las cosas correctas por las razones apropiadas.

La ocupación puede ser el principal obstáculo entre Dios y

Su pueblo en el mundo moderno. Al diablo le gusta que pensemos que los principales obstáculos entre nosotros y Dios son todo tipo de pecados espectaculares, pero el diablo prefiere la distracción diaria no declarada de estar ocupados. El síntoma es el agobio, y centrarnos en el síntoma no curará la enfermedad. La enfermedad se mantiene ocupada.

La ocupación conduce a sentirnos abrumados, y sentirnos abrumados nos conduce al cansancio. Todos conocemos la sensación de agotamiento al final del día cuando has trabajado arduamente en las cosas correctas. Hay una gran satisfacción en ese cansancio. Pero también conocemos el agotamiento que proviene de hacer muchas cosas sin importancia. Este agotamiento es pesado y fatigoso. Es el agotamiento de los cansados, y Dios no nos creó para estar cansados.

El cansancio es un signo seguro de que Dios no está en estos planes. «Vengan a mí todos los que están afligidos y agobiados, dice Jesús, «y yo los aliviaré. Carguen sobre ustedes mi yugo y aprendan de mí, porque soy paciente y humilde de corazón, y así encontrarán alivio. Porque mi yugo es suave y mi carga liviana» (Mateo 11:28-30).

¿Te sientes agotado? ¿Cansado? ¿Exhausto? ¿Desfallecido? ¿Abrumado? El fruto malo de estar ocupados se sigue acumulando. La ocupación conduce a sentirnos abrumados, esto nos hace sentir cansados, y el cansancio conduce al desánimo. El desánimo es otro signo seguro de que Dios está lejos de nuestros planes. Y, sin embargo, es también una de las emociones más comunes en la sociedad actual.

El hábito diario de la oración nos da la oportunidad de considerar y regular los compromisos antes de aceptarlos. Al permanecer con Dios en el aula del silencio podemos explorar por qué nos sentimos llamados u obligados a acordar añadir algo a nuestro horario... ¿Cuáles son nuestras razones y motivos? ¿Tenemos un gran deseo de hacerlo? ¿Nos sentimos llamados por Dios para hacerlo? ¿O nos sentimos presionados por la familia, los amigos u otras fuerzas externas?

Hay dos técnicas que empleo para obtener claridad. La primera es preguntarme a mí mismo: ¿me siento libre de decir que no? Si no somos libres de decir que no, no somos libres de decir que sí. La otra es trasladarme en mi mente al día del compromiso que estoy considerando. Entonces me pregunto: ¿cómo me sentiré de camino hacia este compromiso? A menudo nos encontramos preparándonos para algo que acordamos hace meses y nos preguntamos por qué dijimos que sí. ¿Cómo me sentiré mientras esté en esa reunión, evento, fiesta, etc.? A menudo nos encontramos en medio de una reunión preguntándonos por qué lo acordamos en primer lugar. Finalmente, me pregunto: ¿cómo me sentiré de camino a casa? A veces salimos de un compromiso pensando que valió la pena nuestro tiempo. En estas ocasiones nos sentimos satisfechos y realizados. Pero a veces salimos de un evento, una reunión o un encuentro arrepintiéndonos de haber aceptado participar. En estas ocasiones tendemos a pensar que hemos perdido tiempo que podría haber sido utilizado con mucho más discernimiento. Nuestra mente puede dirigirse fácilmente a todas las cosas que tenemos en nuestras listas de tareas, y esto nos hace sentir abrumados.

La oración nos enseña a vivir al mostrarnos aquello que más importa y lo que menos importa. Nos ayuda a discernir las verdaderas prioridades de nuestras vidas y a alinear nuestro programa diario con nuestras prioridades discernidas. La oración diaria es una gran oportunidad para decidir qué compromisos aceptar y cuáles declinar amablemente.

También puede ser útil sentarte con Dios y examinar tus compromisos actuales. Haz un inventario de tus obligaciones. ¿Son de vida o muerte para ti y para los demás? ¿Son esenciales? ¿Son autoimpuestos? Cuando aceptaste, ¿te sentiste libre de decir que no? En caso contrario, ¿por qué no? Esta es una forma muy práctica y poderosa de pasar un tiempo en conversación con Dios.

De vez en cuando, todos necesitamos alejarnos de quiénes somos, de dónde estamos y de qué estamos haciendo, y echar otro vistazo a nosotros mismos. Para vivir profunda y deliberadamente con una intención enfocada, necesitamos evaluar el contenido de nuestras vidas. ¿Qué es lo que ayuda? ¿Qué es lo que duele? ¿Quién está ayudando? ¿Quién está sufriendo? ¿Qué es lo que sabes que estás fingiendo no saber? ¿Tu vida tiene sentido para ti? ¿Es esta la vida que quieres? El hábito de cambio de vida de la oración diaria nos ayuda a hacer estas evaluaciones y mucho más.

Con el tiempo, el hábito diario de la oración nos ayuda a desarrollar una paz profunda e inquebrantable sobre quiénes somos, dónde estamos y qué estamos haciendo. Nos ayuda a darnos cuenta de cuán pocas cosas realmente importan en el gran esquema de las cosas, y en realidad hay un gran esquema de las cosas.

La oración es el antídoto para el veneno de la ocupación. Es estableciendo el hábito de la oración diaria que tenemos claro qué es lo más importante y qué es lo menos importante. Nos ayuda a descubrir gradualmente quiénes somos y el significado y propósito de nuestras vidas. La oración nos inspira a vivir con gran intención y a no desperdiciar nuestras vidas. El trabajo arrastra nuestras vidas fuera de foco. La oración hace que nuestras vidas estén enfocadas.

Estás donde estás ahora mismo por una razón. Así que déjame preguntarte, ¿alguna vez has probado la oración como un componente central de tu vida? Claro, todos nos hemos adentrado en ella de vez en cuando. Pero ¿alguna vez le has dado un lugar real en tu vida? Si lo has hecho, genial. ¿Estás dispuesto a llevarlo al siguiente nivel? Si no lo has hecho, ¿estás dispuesto a intentar poner la oración en el centro de tus días? De cualquier manera, tienes una decisión que tomar. Elige con cuidado. Es una de las decisiones más importantes que harás en tu vida.

NOTA PARA EL ALMA:

Alma,
Hasta que no descubras el carácter juguetón de Dios, no en-
trarás en las profundidades de la vida espiritual. Hasta que no
descubras el carácter juguetón del niño interior, no descubrirás
el juego de Dios. Baila en la lluvia, juega en el barro, pierde la
noción del tiempo, y tal vez entonces te encuentres perdido en
Dios, y encontrado de una vez por todas.

EPÍLOGO

¿Oyes Eso?

¿OYES ESO?

Es la risa de Raquel, Ester, Dalila y Ruth;

es David y Salomón riendo desde lo más profundo de sus estómagos;

es Jesús y sus discípulos riendo en el camino de Jericó a Jerusalén;

es José riendo de alegría cuando descubrió la naturaleza dorada de sus sueños.

Ese sonido que escuchas es la risa de tu hijo no nacido;

es tu tataranieta riendo dentro de cien años;

es tu propia risa desenfrenada e inédita liberada para que todos la escuchen.

Es la risa de 107 mil millones de personas, la risa de cuarenta mil años, la risa de la eternidad. Escucha atentamente a la vida y a tu corazón de cerca, y escucharás la risa de Dios.

Canta con Él, baila con Él, ríe con Él, llora con Él y ama con Él. ¡Todo es mejor con Él!

Espero que hayas disfrutado a

Escuché a Dios Reír

Ha sido un gran privilegio escribir para ti.

Que Dios te bendiga con un espíritu de

oración y un corazón en paz.

MATTHEW KELLY